DIX JOURS

AUX BORDS DU RHIN

DIX JOURS

AUX

BORDS DU RHIN

Corbeil. — Typ. et stér. Crété.

LÉON HOUZEAU

DIX JOURS

AUX

BORDS DU RHIN

(17-27 Août 1886)

CORBEIL

IMPRIMERIE CRÉTÉ

1886

A

MES CHERS COMPAGNONS DE VOYAGE

Félix et Hippolyte PANHARD

Mes bons Amis,

J'ai tenu à écrire cette relation de voyage pour bien fixer le souvenir des belles et intéressantes choses que nous avons vues ensemble, et j'ai raconté de mon mieux nos pérégrinations.

Mais je n'ai pu exprimer, comme je l'ai ressenti, le bonheur de ces dix journées passées en toute intimité avec deux amis que j'aime, l'un depuis vingt ans et l'autre depuis sa naissance.

Et c'est ce souvenir-là qui restera le plus vivace dans mon esprit, parce qu'il est le meilleur de tous.

Comme pour mes *Quinze jours en Italie*, la publication de ce modeste récit n'a son excuse que parce qu'elle est *exclusivement* destinée à mes amis.

Je suis sûr, ainsi, de trouver chez mes lecteurs l'indulgence bienveillante à laquelle ils m'ont accoutumé.

DIX JOURS

AUX BORDS DU RHIN

Mardi 17 et mercredi 18 août.

Le mardi 17 août 1886 le train de 4 heures 30 du soir nous emportait à Nancy, Félix, Hippolyte et moi.

Je partais heureux de voyager avec deux compagnons (l'oncle et le neveu) qui sont pour moi des amis bien chers et avec la perspective de rejoindre ensuite la famille de mes deux camarades.

Félix (l'oncle) est bien le plus excellent garçon du monde auquel je reprocherai seulement une forte tendance à la taquinerie. Mais ses traits s'émoussaient sur le flegme absolu d'Hippolyte qui ne voulait voir dans les sarcasmes de son oncle qu'une marque de l'affection de celui-ci.

Partis pour un voyage dont la durée ne devait pas excéder quinze jours, il avait été convenu que nos bagages seraient réduits à la plus simple expression : chacun de nous ne s'était donc muni que d'une valise très légère, mais Hippolyte avait joint en supplément un appareil à photographie destiné à faire des chefs-d'œuvre.

Cet appareil servit de thème constant aux plaisanteries de l'oncle Félix, et il faut avouer que pour

1

voyager dans des conditions comme les nôtres, le transport permanent de l'appareil était souvent gênant, surtout pour ce malheureux Hippolyte qui n'a cessé d'en avoir la charge. La valise du jeune rival de Pierre Petit était, en outre du bagage réglementaire, surchargée par le poids de 36 glaces à photographie, ce qui faisait de cette petite malle un vrai fardeau, et l'on verra par la suite que nous avons eu l'occasion fréquente d'apprécier le peu de légèreté de ce colis.

La session de l'Association française pour l'avancement des sciences se tenait précisément cette année à Nancy et au moment même de notre voyage. Aussi ce fut avec la plus grande peine que nous pûmes trouver à nous caser dans le train, et force fut de nous placer dans le compartiment réservé ordinairement *au service*.

Le voyage s'effectua jusqu'à Nancy sans autre incident que le regret manifesté par Félix d'être privé d'un indicateur des chemins de fer français. Tout notre parcours devant s'effectuer en Allemagne et en Belgique, j'avais cru devoir me contenter d'un Guide complet des chemins de fer étrangers. Mais cela ne suffisait pas à mon Félix qui, par patriotisme sans doute, persistait à réclamer un indicateur français. A mon observation que nous n'avions pas besoin de renseignements sur la ligne de l'Ouest pour aller sur les bords du Rhin, Félix répondit, non sans justesse, que j'étais muni d'un guide contenant des renseignements sur les chemins de fer espagnols, renseignements qui nous seraient tout aussi inutiles.

A Meaux, je me précipite. Pas d'indicateurs. Dans une ville qui possède un évêque et un sous-préfet !

A la Ferté-sous-Jouarre, pluie battante qui nous fait craindre pour notre voyage. Il y a bien un gendarme à la gare, mais toujours pas d'indicateur !

Enfin à Épernay un arrêt de trente-cinq minutes nous permet de dîner, et comme un bonheur n'arrive jamais seul, je trouve enfin un indicateur complet ! Dix minutes après, celui-ci reposait dans ma valise, d'où il ne devait sortir qu'à mon retour à Paris.

A Châlons, notre agréable solitude fut troublée par l'invasion d'un quatuor de commis-voyageurs dont les manières distinguées démontraient assez la profession. Nous dûmes subir leurs critiques très amères sur le vin de la table d'hôte de Châlons et leurs compliments sur le menu du dîner qu'ils avaient fait à Bar-le-Duc. Heureusement que Nancy n'est pas loin, et à minuit et demi nous débarquions, nous séparant sans regret de nos compagnons de wagon.

J'avais avisé par lettre le propriétaire de l'hôtel de Metz de notre arrivée. Aussi fûmes-nous tous déçus de ne pas trouver à la gare le moindre garçon pour prendre nos bagages. Et nous voilà à minuit et demi à chercher notre hôtel dans une ville totalement inconnue !

Pleins d'anxiété, nous partons à la découverte et c'est alors que la malle aux glaces nous sembla lourde ! Les plaisanteries de l'oncle Félix, qui proposait de prendre une vue de Nancy la nuit, n'eurent pas le moindre succès.

Peu de lumières et encore moins d'habitants !! Enfin, après avoir tourné deux ou trois fois autour du square qui se trouve en face la gare, après nous être demandé si nous allions nous décider à camper auprès de la statue de M. Thiers, nous apercevons un indigène qui nous indique notre hôtel, heureusement très proche, et pousse même l'obligeance jusqu'à nous y conduire.

Nous étions attendus à l'hôtel de Metz, et tellement attendus, que le propriétaire nous assura que s'il n'eût pas été prévenu, nous n'aurions pu trouver le moindre abri, les chambres de la maison et celles de ses confrères étant retenues par les membres de l'Association scientifique.

Nancy est une jolie ville et les quelques heures que nous y avons passées nous ont laissé le plus agréable souvenir. Elle était toute pavoisée en l'honneur de la réunion dont j'ai déjà parlé, et présentait un air de fête des plus réjouissants. Malgré cela, toujours la province, et, le matin surtout, nous circulions à l'aise dans les rues.

Les voitures n'abondent pas dans l'ancienne capitale de la Lorraine, et notre choix fut chose facile. Nous arrêtâmes l'unique cocher qui errait sur la place Stanislas.

Il était épique, ce cocher, et si nous ne l'avions pas guidé nous-mêmes dans la ville, je me demande où il nous eût conduits.

L'ensemble de la place Stanislas est des plus gracieux et les grilles qui la décorent sont bien remarquables. En raison de l'heure matinale, nous ne pûmes visiter l'hôtel de ville, mais ce que nous en avons vu (aperçu serait plus vrai) nous a paru fort beau. Il y a notamment un escalier splendide qui a le tort d'être étranglé dès sa base.

La cathédrale ne nous a rien montré qui nous ait particulièrement frappés; je cite pour mémoire une plaque rappelant l'épiscopat de Mgr Lavigerie (de 1863 à 1865); je comprends que Nancy soit fière

d'avoir eu à la tête de son diocèse le cardinal-arche-
vêque actuel de Carthage et d'Alger; le prélat qui occupe un si haut rang dans le catholicisme tout entier.

Sur la place Carrière, où on arrive par une belle
allée plantée d'arbres (1), se trouve l'hôtel du Gouver-
nement, qu'ont habité successivement les maréchaux
Canrobert, Mac Mahon, Forey et Bazaine.

C'est là que descendit l'impératrice Eugénie en 1866,
lors des fêtes qui eurent lieu pour célébrer le cente-
naire de la réunion de la Lorraine à la France.

L'annexion de la Lorraine!!! 1766, 1866, 1870.
Quels souvenirs de gloire, d'orgueil et de tristesse
évoque le rapprochement de ces trois dates!

Toujours en guidant notre cocher (à l'aide de notre
guide Conty), nous voyons successivement la statue de
Jacques Callot, l'*église Saint-Epvre*, nouvellement
construite et ornée de très beaux vitraux modernes, le
Palais ducal abritant le *musée Lorrain* que nous n'a-
vons pas eu le temps de visiter, et, après avoir passé
et repassé la porte de la Craffe, nous arrivons à l'église
des Cordeliers.

Dans cette église se trouvent les tombeaux des ducs
de Lorraine. Tous les jours des messes, de fondation
ancienne, y sont dites par les prêtres attachés à cette
église. Ces prêtres sont payés par l'empereur d'Autri-
che, descendant des ducs de Lorraine, qui se charge
de tous les frais d'entretien et autres.

La chapelle ducale est admirable. Les tombeaux

(1) Je ne veux pas me risquer à dire le nom de ces arbres, de peur
de commettre une bévue. L'oncle Félix, en sa qualité de président
d'une Société d'horticulture, veut me persuader que ce sont des pal-
miers d'une espèce particulière, mais je n'en crois rien.

en marbre noir, l'élégante coupole décorée de rosaces
et entourée de médaillons et de trophées, ornée du
sceptre, de la main de justice et de la couronne impériale en groupe produisant un imposant effet, le
magnifique autel en marbre blanc, qui s'élève au milieu, forment un ensemble d'un haut goût artistique.

Nous ne pouvions manquer de visiter l'église de
Bon-Secours, qui renferme les mausolées du roi Stanislas et de la reine Catherine. Cette église est assez
jolie par elle-même, quoique les décorations nous en
aient paru un peu criardes. Mais ce qui nous a semblé absolument ridicule, c'est l'autel de fleurs qui
occupe le milieu du chœur entre les deux tombeaux.

Les bouteilles d'eau de Saint-Galmier ou de Vichy,
qui servent de pots de fleurs, sont d'un effet décoratif
médiocre, et la lampe au pétrole qui éclaire le chœur
gagnerait à être remplacée par une simple veilleuse.

En quittant Bon-Secours, notre cocher voulut faire
preuve d'initiative et nous assura que nous ne pouvions quitter Nancy sans voir le monument élevé à
Charles le Téméraire. Quoique notre guide fût muet
sur ce monument, nous laissâmes aller l'automédon,
qui, après nous avoir fait passer dans des quartiers in-
vraisemblables, nous arrêta triomphalement devant
une colonne d'un mètre de haut, surmontée de la
double croix de Lorraine. Nous ne pûmes retenir un
immense éclat de rire, et, de peur d'une nouvelle idée
de notre cocher, nous lui dîmes de nous ramener vivement à l'hôtel.

En traversant le faubourg Saint-Pierre, nous fûmes
tristement impressionnés par la rencontre d'un enterrement d'enfant. Ni char ni comète. Le croque-mort

portait la petite bière sur son épaule comme un colis.
Comment, dans une ville comme Nancy, n'avise-t-on
pas à un moyen plus décent de transporter ces pauvres petits êtres !

A onze heures et demie nous partons pour Strasbourg. Nous voyageons jusqu'à Lunéville avec un
jeune enfant de troupe porteur d'un beau bocal de
poissons rouges, qu'il soigne attentivement. C'est un
cadeau qu'il destine à son capitaine instructeur. Si
jeune et déjà intrigant!

De Nancy à Avricourt, rien de particulier. Le temps est gris et maussade. Deux minutes après avoir quitté la gare française d'Avricourt, nous apercevons dans la campagne un soldat au casque pointu. C'était le premier que nous voyions, cela nous donna à tous trois un coup en pleine poitrine. Nous ne nous sentions plus chez nous.

A Deutsch-Avricourt, visite de la douane allemande, qui ne prend pas même la peine de regarder nos valises, sur notre affirmation que nous n'emportons que nos effets personnels. Par ce temps d'espionnage nous ne crûmes pas utile de dire que la malle d'Hippolyte contenait les fameuses glaces à photographie, mais la difficulté que nous éprouvions à transporter ce lourd colis pouvait rendre invraisemblable la déclaration que nous avions faite de son contenu. Combien nous regrettions de n'avoir pas écouté Félix qui conseillait d'acheminer nos bagages directement sur Bade où nous devions coucher !

Nous passons devant un gendarme superbe de stature et de tenue qui se promène, la carabine en bandoulière, sur le quai de la gare, et nous allons prendre place dans un compartiment du train allemand qui nous attend.

Hélas! c'est triste à dire, mais nous sommes obligés, à *cinq minutes* du territoire français, de cons-

tater la supériorité marquée du matériel de chemin
de fer allemand. Nous comprenons que les voyageurs
en Allemagne ne se servent presque jamais des pre-
mières classes. Les compartiments de seconde sont
d'un confortable tout à fait inconnu chez nous. D'a-
bord il n'y a que huit places, ce qui ne laisse pas que
d'avoir son charme en cas d'encombrement; ensuite
la plupart des wagons sont munis de cabinets de toi-
lette... et autres, ce qui est encore plus agréable. Seul,
le savon manque, mais, sauf cette omission, le confortable est complet.

L'employé qui contrôle nos billets circulaires voit
que nous allons à Strasbourg et nous parle avec volubi-
lité et fait force gestes en prononçant, à plusieurs reprises, le mot de *Sarrebourg*. N'ayant pas encore la
pratique de la langue allemande, que nous avons ac-
quise plus tard avec l'expérience, nous ne comprenions
rien. Mais notre bonne étoile amena près de nous un
voyageur habitant précisément Sarrebourg, qui nous
expliqua qu'en descendant à cette station, nous pouvions reprendre un train express qui arrivait à Strasbourg une grande heure plus tôt. Cela nous obligeait,
à la vérité, à un déménagement et un réemménage-
ment supplémentaires de nos colis. Mais une heure à
gagner, cela comptait pour nous, qui n'avions que si
peu de temps pour faire notre voyage.

La conversation s'engagea avec notre compagnon,
Alsacien annexé, et ce qu'il nous dit n'était pas fait pour
entretenir nos illusions sur la possibilité de reprendre
l'Alsace. Le pays est absolument germanisé; et notre
Alsacien nous parla de l'armée allemande, de la façon
dont elle s'entraîne et s'exerce constamment, sans que
les journaux aillent crier par dessus les toits ce que font

les officiers pour les progrès de son armement ou le
résultat de ses études stratégiques. Et ce que nous
avons vu par la suite nous a confirmé le dire de notre
ancien compatriote.

A Sarrebourg, nous montons donc dans le train express, venant d'Anvers par les nouvelles voies ouvertes
depuis l'annexion, mais, hélas ! nous ne pouvons trouver place que dans un compartiment occupé par des
Anglaises et un monsieur coiffé d'un fez rouge. Nous
avons pu constater que la légende des Anglais voya-
geant sans bagages était de la haute fantaisie.

Le compartiment était encombré de valises, paquets
de toutes sortes, cartons, parapluies, couvertures, can-
tines garnies dont ces dames faisaient déjà usage, et
nous pûmes à peine caser nos propres bagages. Quand
nous fûmes installés tant bien que mal, le wagon
ressemblait à un bureau de messageries au moment
où le camion vient chercher les colis.

Ces affreuses (1) Anglaises ne se bougèrent pas, et
ne nous laissèrent strictement que la place que nous
prîmes d'assaut. Seul le monsieur à la calotte rouge se
remua un peu : ce fut pour s'installer sur l'épaule de
Félix, qui avait la mauvaise chance d'être à côté de lui.

Mais cela ne nous empêcha pas de trouver jolie et
très pittoresque la route de Sarrebourg à Saverne. Nos
Anglaises n'admiraient pas : elles dormaient ; et ce fut
avec un double plaisir que nous quittâmes cette peu aimable compagnie à notre arrivée à Strasbourg.

La gare de Strasbourg est magnifique, admirable-

----

(1) Le mot peut être pris tout à la fois au propre et au figuré.

ment aménagée au dedans et d'une architecture grandiose au dehors.

Débarrassés de nos valises, que nous avions déposées à la *garde-robe* (c'est ainsi que l'on appelle la
consigne), nous nous empressâmes de sauter dans un
fiacre après nous être assurés que le cocher parlait bien
français.

Notre première visite fut naturellement pour la cathédrale. Je n'entreprendrai pas d'en donner une
description qui se trouve dans tous les Guides, je ne
pourrais que copier. Les dégâts causés par le bom-
bardement sont réparés, et l'on peut admirer dans
toute sa beauté l'aspect extérieur de ce monument.

Nous entrons, et, moyennant 35 pfennigs par personne, nous sommes admis à visiter l'intérieur de
l'église (1).

L'ensemble de la cathédrale m'a semblé lugubre !
triste à mourir ! ! ! Notre-Dame paraîtrait *gaie* en com-
paraison de la cathédrale de Strasbourg.

On tire un rideau et nous nous trouvons en présence
de la fameuse horloge. Comme construction elle est
à la hauteur de sa réputation. Il paraît que l'on peut
jouir *gratuitement* de la vue du mécanisme de midi son-
nant avec son cortège des apôtres, etc. ; il est probable
que cette gratuité ne durera pas toujours, mais nous ne
voulons pas profiter de ce bon moment, car nous étions
déjà décidés à ne pas coucher à Strasbourg.

Il était trop tard et il faisait trop vilain temps pour
monter sur la plate-forme ; aussi nous nous rendîmes

(1) C'étaient les premiers pfennigs que nous avions à donner. Mais
le nombre de fois que nous avons renouvelé le mouvement de la
main au gousset pendant notre voyage est impossible à dire. Il faut
payer partout en Allemagne. Pas un monument, quel qu'il soit, que
l'on puisse visiter gratis !

directement au temple Saint-Thomas en traversant le *Broglie Platz*.

Le tombeau de Maurice de Saxe, qui se trouve dans le temple, est une merveille. La figure du maréchal descendant bravement les degrés qui conduisent au cercueil est d'une expression superbe. Nous nous sommes demandé pourquoi Louis XV a fait ériger ce monument à Strasbourg, alors que Maurice de Saxe est mort à Chambord. A cause de sa religion et malgré tous les services rendus au pays, le maréchal, qui était protestant, ne pouvait être enterré à Saint-Denis, qui aurait dû être sa place. Le roi a tenu à lui faire élever un mausolée dans la seule ville de France où la religion réformée était légalement reconnue.

Ce temple renfermait autrefois une série de *momies;* elles ont été enlevées par ordre supérieur à la suite d'une visite qui occasionna des accidents nerveux chez une jeune dame de qualité. D'ailleurs nous n'avons pas regretté leur absence.

Nous poursuivons notre course à travers la ville, rencontrant à chaque pas des militaires de toutes armes et de tous grades.

Strasbourg a une garnison très importante fournie par les différents pays de l'Allemagne. Mais rien dans l'uniforme ne distingue plus les Saxons, Wurtembergeois, Badois, etc., des Prussiens. Sauf les Bavarois, qui ont gardé le casque à chenille et leur tunique bleu ciel, la tenue est la même pour toute l'armée allemande (1). Tous portent le casque, à pointe pour la cavalerie et l'infanterie, surmonté d'une boule pour l'artillerie.

---

(1) Il paraît même que le Régent de Bavière est tout disposé à adopter le casque pointu pour son armée, ce à quoi s'était toujours refusé le roi Louis II.

Nous apercevons sur une place, sorte de carrefour, une statue qui, à première vue, me semble être celle de Gutenberg. Je demande à notre cocher, pour être plus certain ; avec une certaine stupéfaction, je l'entends me nommer Mathieu Lænsberg ! ! ! Je laisse à penser si mes deux compagnons ont ri de l'idée d'une statue à Mathieu Lænsberg ! ! !

La place Kléber est restée la place Kléber après 1870 ! et la statue du général français se dresse fièrement en face de la *Commandature* allemande.

Quelle leçon pour nous, qui renversons les statues de nos compatriotes pour des raisons politiques et qui débaptisons les noms de rues à tort et à travers !

Quelle leçon pour nous ! Les Allemands ont respecté la statue élevée à une de nos gloires militaires. La statue du marquis de Lezay Marnesia, préfet de Strasbourg de 1810 à 1814, c'est-à-dire au moment de la première invasion, se trouve encore sur la place de la Préfecture, et nous avons remplacé le monument élevé au prince Eugène, un brave et glorieux soldat, par la statue de Ledru-Rollin ! ! !

Notre promenade se termina par le quartier neuf, qui se construit sur l'emplacement des anciens remparts. Nous avons remarqué le grandiose palais de l'Université et une immense et magnifique caserne neuve, la promenade de la Pépinière et la route fort jolie qui y conduit.

Mais nous avions hâte de quitter cette ville, où les Allemands ont fait de nombreux embellissements, et qu'ils transforment complètement.

Nous avions hâte de nous en aller : nous étions obligés de constater que Strasbourg est une ville tout à fait allemande, au moins quant aux mœurs, au langage, à l'aspect général, Si elle garde des sentiments français, ces sentiments sont bien profondément intimes, à en juger par les conversations que nous avons recueillies chez les quelques commerçants que nous avons visités.

Et, du reste, en 1860 ou 1861, Edmond About, dans *Madelon*, écrivait que depuis deux cents ans que nous occupions l'Alsace, nous semblions être encore en pays conquis et non en pays français.

Il écrivait cela en 1860, et dix ans après....

A six heures trente-cinq, nous partons pour Bade avec la perspective de deux changements de train, c'est-à-dire de deux transbordements de colis à Appenweier et à Oos. Nous traversons le pont de Kehl, qui est certainement une belle œuvre d'art, mais qui ne nous a pas paru extraordinaire. Peut-être la pluie battante qui tombait nous empêchait-elle d'admirer.

A chaque station, le contrôleur ne manquait pas de nous répéter que nous devions changer de train à Appenweier. Aussi n'aurions-nous eu aucune excuse si nous nous étions trompés de direction. C'est cependant ce qui faillit nous arriver. A peine étions-nous réinstallés, nos bagages et nous, dans le nouveau compartiment que l'employé nous demanda nos billets, heureusement, et nous fit comprendre que nous tournions le dos à notre direction. Nouveau déménagement, nouvelle réinstallation. Et la malle d'Hippolyte était de plus en plus lourde ! Et l'oncle Félix pestait de plus en plus contre la photographie !

A *Oos*, encore un changement de train, mais c'était le dernier, et à huit heures et demie nous arrivions à Bade.

Depuis notre départ de Nancy, à onze heures et demie, nous avions, dans cette journée, changé six fois de train, ce qui représentait *douze transports de bagages*. C'était à croire que nous nous entraînions pour opérer des déménagements..... Mais nous étions installés très confortablement dans la splendide salle à manger de l'hôtel de Hollande et c'était le plus gaiement du monde que nous récapitulions nos allées et venues.

Les usages allemands nous apparurent ce soir-là au dîner. On nous servit avec l'entrecôte (à part, bien entendu) une sorte de confiture de cassis qui nous semblait devoir prendre place seulement au dessert. Mon principe étant de m'assimiler les mœurs des pays que je visite, je pris de ces confitures... mais je fus fixé de suite sur l'excellence de cet assaisonnement et convaincu que la cuisine française est infiniment supérieure.

Nos voisins de table étaient des Anglais qui nous rappelaient, par le sans-gêne, ceux que nous avions rencontrés dans la journée.

Nous avions, sans y prendre garde, déposé nos chapeaux et nos pardessus sur une table voisine. Il y avait dix autres tables de libres, mais non, il a fallu déranger nos effets pour ces insulaires.

Le soir nous fîmes dans la ville de Bade une courte promenade, mais, si courte qu'elle fût, nous risquâmes de nous égarer. Personne dans les rues à dix heures et demie. On se couche tôt à Bade.

La nuit je rêvai que la maison Bailly me faisait, vu mon expérience, des offres superbes pour surveiller les déménagements et les transports de mobiliers pour la France et l'étranger.

BADE

Je constatai à mon réveil que, malgré le confortable
de l'hôtel, le linge était passablement étriqué. Les
serviettes que l'on nous avait données au dîner nous
avaient paru bien exiguës, mais nous étions si heureux
d'être tranquilles, sans bagages, que nous n'y avions
pas fait attention. Les draps de lit que je vis le matin
dans toute leur étendue restreinte atteignaient à peine
la dimension d'une serviette ordinaire.

Depuis nous eûmes à constater que cette dimension
est en usage en Allemagne.

J'eus, ce matin-là, l'occasion d'une étude qui nous
divertit beaucoup ; j'avais à traverser deux longs
corridors pour aller de ma chambre à celle de Félix et
d'Hippolyte. Curieux de ma nature, je ne pus m'empêcher de passer une sorte d'inspection des chaussures
déposées à la porte de nos colocataires. Non, jamais je
n'ai vu un assemblage de chaussures de pareil format. Et
il y avait des bottines de dames!! Je sus que l'étage était
habité presque exclusivement par les Anglais et j'éprou-
vai une vraie satisfaction à constater que ce n'étaient
pas nos compatriotes qui avaient des pieds pareils.

Au petit déjeuner du matin nous nous retrou-
vâmes avec nos Anglais de la veille, qui ne nous parurent pas plus agréables au lever du soleil que le soir.

Le portier de l'hôtel s'était offert à nous procurer une voiture pour une excursion dans les environs. Comme nous revenions de faire un tour jusqu'à l'hôtel des Bains, un cocher nous interpelle, en assez bon français, et nous dit qu'il a été retenu pour notre compte. Nous venions à peine de nous installer, quand un autre cocher accourt et nous dit, lui aussi, avoir été retenu et, comme preuve, nous montre sa voiture arrêtée devant la porte de l'hôtel. Nos deux cochers se disputent... en allemand, et nous finissons par donner raison au second qui était en effet celui que le portier avait appelé à l'honneur de nous conduire. Mais nous avons été sur le point d'assister à une scène de pugilat.

Nous nous installons dans un très confortable landau et nous nous mettons en route pour le château d'*Eberstein*. Nous suivons les belles allées de *Lich-tenthal*, ce qui nous permet de voir les riches villas qui ornent la ville de Bade. Ces allées constituent la promenade favorite des habitants. Nous remarquons, en sortant du village de Lichtenthal, à Ober-Beuern, l'auberge *Zum Waldhorn* (du *Cor de chasse*) ainsi nommée parce que Dantan jeune a sculpté sur la porte de l'auberge la tête de l'ancien patron encadrée dans cet instrument. Il était bien laid l'ancien patron ; le rictus qui lui fend les lèvres m'a rappelé la figure de l'*Homme qui rit*, un des plus mauvais romans de Victor Hugo. Nous pénétrons dans la forêt et nous nous arrêtons à un établissement de pisciculture, que tous les étrangers visitent. — Nous ne pouvons mieux faire que de répondre à l'aimable invitation du propriétaire et nous entrons (ci 1 marck 25 par personne). L'établissement est très intéressant. Il est surtout fort

2

bien situé. Une jeune fille parlant très correctement
le français nous sert de guide et nous donne toutes les
explications voulues. Cette visite a été très instructive. .
C'est ainsi que nous avons appris que les écrevisses
comestibles sont généralement âgées de quinze à
vingt ans; je ne m'en serais jamais douté, je croyais
manger des crustacés d'un âge plus tendre.

Notre jeune cicerone nous offre des bouteilles contenant de petites truites en voie de formation, mais
aucun de nous ne possédant de locaux propres à
l'élevage des poissons, nous sommes obligés de refuser.

La route qui conduit à Eberstein est véritablement
admirable et nous sommes ravis de notre ascension
(ascension est le mot exact) dans cette partie de la Fo-
rêt-Noire, mais nous sommes transis de froid.

Arrivés au château, nous jouissons d'une vue splendide sur la vallée de la Murg. Ce panorama vaut
l'excursion à lui seul, et nous comprenons bien que
les étrangers ne manquent pas de se rendre au château, quoiqu'on ne puisse le visiter et que par lui-
même il soit horrible extérieurement.

Félix et Hippolyte font une longue promenade dans
les jardins; Félix, en sa qualité de président de la Société d'horticulture de C***, ne saurait manquer d'é-
tudier chaque arbre, chaque fleur. J'avoue être beaucoup plus froid, et c'est vainement que mes compagnons
m'invitèrent à m'extasier sur des grenadiers en fleurs et
une magnifique allée de fuchsias.

Pendant notre promenade au jardin, le ciel s'est
éclairci, le soleil nous fait paraître encore plus beau
le panorama qui se déroule devant nous; mais,
hélas! Hippolyte n'a pas emporté son appareil et il
est privé du plaisir de rapporter une photographie

de ce beau paysage. — Nous descendons une route très accidentée et allons déjeuner à *Gernsbach*, petite ville sur la Murg.

Sous la porte d'entrée de l'hôtel de l'Étoile est une peinture aussi originale que naïve. Elle représente un énorme sanglier qui, paraît-il, a été tué à Gernsbach, en 1507, par Ulrich duc de Wurtemberg. La salle à manger est ornée de gravures représentant des batailles, peu agréables à voir pour des Français. Du reste, comme exécution, elles sont atroces et presque ridicules.

Après un déjeuner où l'on nous a servi du pain à l'anis, qui nous a paru d'un goût bien étrange, nous quittons Gernsbach, et, par une route insignifiante qui nous fait regretter vivement la route de la forêt, nous allons visiter le *Château de la Favorite*.

Un poste et un factionnaire placés à la porte du château indiquent une résidence officielle. Ce château laid à l'extérieur est horrible à l'intérieur ; et pourquoi cette tête de nègre en face de la porte d'entrée ? Une Allemande de figure peu agréable et qui ne parle que sa langue nationale nous promène dans des pièces meublées misérablement. Il y a surtout un certain salon bleu orné de rideaux qui doivent bien valoir de 12 à 15 francs la paire et de fauteuils et chaises que le *Bon Marché* refuserait certainement d'offrir à ses clients. Si, comme son nom l'indique et comme les guides l'expliquent, ce château a été construit pour une princesse de mœurs légères, je ne connais pas de plus bel encouragement à la vertu que la visite de ce triste manoir. Et cette visite coûte un marck par personne ; c'est trop cher.

Nous rentrons à Bade par une route sans intérêt.

Il était cinq heures, le temps s'était recouvert, nous prenons conseil, et renonçons à faire l'excursion au *vieux château*, excursion qui n'a de raison d'être, paraît-il, que par un temps superbe. Nous allons visiter le « Friedrichsbad », magnifique établissement balnéaire. Mais le tarif des bains nous laisse rêveurs. Nous comprenons le prix de 70 pfennigs, 1 marck et même 1 marck 50. Le prix de 4 marcks (5 francs) est en définitive le prix d'une séance complète au Hammam de Paris. Mais il y a des bains à 8 à 10 marcks!!! Des bains à 10 francs et 12 francs 50!!! Si nous avions eu le temps, nous aurions tiré au sort et un de nous trois se serait offert ce luxe, ne fût-ce que par curiosité.

Après dîner, nous nous rendons à la Trinkhalle, peu fréquentée à ce moment, et à la *Conversation*.

C'est là le rendez-vous du tout Bade à partir de 8 heures du soir, et il y a beaucoup d'animation. Les allées sont bordées de riches magasins brillamment éclairés, c'est ce qu'on appelle le Bazar de Bade. Quant à la *maison de Conversation*, c'est un bâtiment fort laid. Le guide Conty dit cependant: « L'ancien palais des jeux est un bel et gracieux édifice. »

Bedecker se contente d'indiquer que le bâtiment a été construit en 1824 et considérablement agrandi en 1854, qu'il mesure 114 mètres de longueur et qu'au milieu se trouve un portique de 8 colonnes corinthiennes. Mais Alfred de Musset, dans *Une bonne fortune*, en donne une description, la plus exacte encore à mon avis.

> Cette maison se trouve être un gros bloc fossile,
> Bâti de vive force à grands coups de moellon;
> C'est comme un temple grec, tout recouvert en tuile,
> Une espèce de grange avec un péristyle,

Je ne sais quoi d'informe et n'ayant pas de nom ;
Comme un grenier à foin, bâtard du Panthéon.

L'appréciation d'Alfred de Musset, écrite avant 1854, est sévère, cependant je ne suis pas éloigné de la trouver juste.

Quoi qu'il en soit de l'extérieur, l'intérieur est très beau et d'une richesse de bon goût ; mais les salons solitaires semblent pleurer l'absence des croupiers et des tables de jeu.

Bade est restée la ville de luxe et de plaisir de l'Allemagne, mais son aspect a, paraît-il, bien changé depuis la guerre. Les Français n'y reviennent que depuis peu de temps et en petit nombre. De plus la suppression des jeux en 1873 a enlevé toute la clientèle du « monde où l'on s'amuse ». Ce n'est plus la grande vie cosmopolite d'il y a vingt ans, nous disait un de nos compatriotes qui venait tous les ans à Bade jusqu'en 1870.

Néanmoins la promenade nous a paru bien fréquentée de huit à dix heures pendant le concert donné par la musique militaire.

Nous avons trouvé ce concert mortellement ennuyeux. Si j'en excepte un quadrille et une polka, le programme était composé trop exclusivement de morceaux de Wagner. Le *Lohengrin* succédant à *Rienzi* après l'ouverture de la *Walkyrie*, c'est trop. Cependant les promeneurs paraissaient prendre grand plaisir à l'audition de ces savantes mélodies ; mais le seul morceau qui ait été redemandé était la polka finale.

L'exécution était bonne, pourtant il nous sembla qu'à plusieurs reprises éclatèrent des fausses notes malencontreuses. Mais avec du Wagner peut-on, à coup sûr, accuser les exécutants ?

A dix heures précises, fin du concert et aussitôt extinction du gaz dans le parc. Le théâtre finissait à la même heure, de sorte que pour ceux qui n'aiment pas se coucher tôt, la promenade à la belle étoile est la seule ressource. Et Bade est une ville de plaisir!!!

Nous devions partir dès le lendemain matin, emportant de cette ravissante ville le meilleur souvenir et regrettant vivement de ne pouvoir donner un jour ou deux aux environs, qui sont tous plus délicieux les uns que les autres.

Cette journée a été la plus occupée, la plus active de tout notre voyage.

Pour avoir les mains à peu près libres, nous dirigeâmes nos bagages directement sur Heidelberg, ne gardant avec nous que nos pardessus et l'appareil à photographie qu'Hippolyte ne voulait pas quitter. Partis de Bade à sept heures quarante, nous arrivions à *Carlsruhe* à neuf heures.

A Oos, nous avions aperçu de l'artillerie se rendant aux manœuvres, et le chef de gare était en grande conférence avec un officier d'état-major (reconnaissable à sa ceinture mise en écharpe) qui réquisitionnait des wagons de marchandises. En pleine paix!!!

Carlsruhe n'offre rien de remarquable. La seule curiosité consiste dans la configuration de la ville dont toutes les rues viennent aboutir en éventail devant le château. Il ne fallait pas songer à visiter le Palais à neuf heures du matin. Mais Félix n'aurait pas voulu manquer de parcourir le parc. Ce fut, du reste, vite fait ; et, une heure après notre arrivée dans la capitale du grand-duché de Bade, nous reprenions le train pour Schwetzingen.

Notre visite à Carlsruhe a été peut-être un peu rapide, mais nous étions tellement pressés que nous ne pouvions donner que peu de temps à chaque ville. Si nous avions eu un peu plus nos aises, il est certain que nous aurions consacré... deux heures... mais pas plus, à cette capitale. Félix, lui, trouve que nous aurions pu facilement rester une journée. Pourquoi faire, grand Dieu ?

A onze heures, nous étions à *Schwetzingen*. Cette étape n'était nullement dans notre programme, j'ignorais même jusqu'à l'existence de cette résidence royale. Mais Félix ayant lu dans le guide que les jardins étaient magnifiques et valaient ceux de Versailles, nous ne pouvions manquer de nous y arrêter.

Le guide Conty marque : *déjeuner à Schwetzingen*. Si les buffets allemands étaient aménagés pour les repas, cela irait tout seul, mais les *restaurations* (c'est le mot technique) divisées en quatre classes (1re, 2e, 3e et 4e) n'offrent au voyageur affamé que de la bière ou du vin, et sauf à Mayence, nous n'avons pas vu une seule gare où il soit possible de déjeuner. Nous voilà donc en quête d'un hôtel et notre mauvaise étoile nous conduit dans l'unique auberge du village. N'ayant que deux heures à donner à notre visite, nous mimâmes à l'hôtelier, qui ne comprenait pas un mot de français, notre désir de déjeuner rapidement. Le malheureux mit une heure pour nous servir du jambon cru et des biftecks pas cuits. Mais le plus joli, ce fut le vin qu'il nous donna et dont l'étiquette portait textuellement : *Bordeaux, Saint-Estèphe, Müller, Stuttgart*. Ce Saint-Estèphe fabriqué à Stuttgart nous restera en amusant souvenir !!!

Après ce déjeuner horriblement long, mauvais et cher, nous nous dirigeons vers le château par l'unique et large rue de la ville. Nous franchissons une porte très ordinaire et nous nous trouvons dans les

fameux jardins. L'aspect général nous en a paru bien
médiocre et le château ressemble à une grande caserne
fort laide. Mais cette impression nous est personnelle
à Hippolyte et à moi. Félix a parcouru seul les qua-
rante-sept hectares dont se compose le parc et il le
déclare très beau et très digne de la visite.

Le temps était superbe, aussi Hippolyte, ayant découvert deux ou trois points de vue dignes d'arrêter son
attention, voulut étrenner son appareil. Il avait déjà
fait deux photographies et s'apprêtait à opérer pour la
troisième quand un gardien arriva et nous fit comprendre qu'il était interdit de prendre la moindre vue.
Mais il y en avait toujours deux de prises, ce qui con-
sola Hippolyte d'avoir à replier si vite son bagage. —
Nous quittons ce séjour enchanteur et à une heure et
demie nous arrivons à *Heidelberg*.

Je ne trouve rien ou presque rien sur mon carnet
relativement à Heidelberg; cela s'explique, n'ayant pas
eu trop de toute notre attention pour admirer. Je ré-
sume nos impressions en un seul mot. Heidelberg est
une merveille.

Nous étions tombés sur un cocher intelligent qui
nous conduit par une superbe promenade (l'*Anlage*) à
la route extrêmement rapide qui mène au château.

Entrés dans le parc, nous remarquons tout d'abord
une sorte d'arc de triomphe tout encadré de feuil-
lage. C'est la porte Elisabeth. Nous arrivons dans la
cour et nous sommes frappés aussitôt de l'imposante
beauté des ruines. Comme ce château devait être
magnifique! Je me sens impuissant à décrire l'impression que nous avons ressentie à la vue de ce
spectacle grandiose. La végétation qui orne les débris

majestueux du monument offre un contraste bien remarquable avec les ruines de ce chef-d'œuvre.

Nous ne pouvons trouver de guide français, mais la personne qui nous conduit parlant anglais, Hippolyte nous sert d'interprète. Je ne sais si notre cicerone le fait à dessein, mais il ne manque pas d'expliquer à Hippolyte que ce sont les Français qui ont ruiné et incendié le château : il nous était pénible d'entendre cela, étant forcés de constater la triste exactitude du fait.

Heureusement que l'apaisement finit toujours par se produire. C'est ainsi que la cour et la terrasse portent encore, sous la forme de mâts d'illuminations et de kiosques, les traces des fêtes qui viennent d'avoir lieu et auxquelles assistait le président de l'Institut de France.

De la terrasse, le château se présente sous un aspect différent, encore plus beau que l'ensemble vu de la cour. Hippolyte peut, cette fois, se livrer à son art sans crainte d'un inspecteur malencontreux. Nous avons pris nos informations et il est permis de photographier à loisir.

Il va sans dire que l'on nous a montré les fameux tonneaux dont l'un contient 48,000 et l'autre 240,000 bouteilles. Ce dernier n'a pas été rempli plus de sept fois depuis 1751.

Nous terminons notre visite par la chapelle qui a été réparée et dont on a fait une sorte de musée, et par la galerie municipale d'objet d'art et d'antiquités où il n'y a rien de curieux.

Après avoir bien rassasié nos yeux de la contemplation de ces admirables ruines, nous remontons en voiture et gravissons la montée qui nous mène à la *Molkencur* (293 mètres d'altitude, 71 mètres au-dessus du château !). Nous ne saurions trop conseiller de faire cette ascension.

On jouit d'une vue admirable de tout l'ensemble du
château et on goûte à nouveau cet incomparable spectacle.

La ville d'Heidelberg, le Neckar avec son beau pont
orné de portes à tourelles, tout cela forme un panorama splendide. On aperçoit même le Taunus, la Forêt-
Noire et au fond dans la plaine, un serpent argenté
brillant sous le soleil, c'est le Rhin.

Nous avons bu à la Molkencur un certain vin blanc
mousseux qui ressemble singulièrement à notre cham-
pagne. C'est du vin de Neckar; nous le recommandons aux amateurs.

Dans une promenade rapide par la ville nous ne
faisons qu'apercevoir l'Hôtel de Ville, l'église du Saint-
Esprit, l'hôtel du Chevalier, puis nous sautons en
wagon pour *Mannheim* où nous arrivons à six heures.

Pas plus que Schweizingen, Mannheim n'était com-
pris dans notre programme primitif. Mais ayant ouï
parler d'un très beau pont sur le Rhin et les trains
nous permettant de nous arrêter deux ou trois heures,
nous nous décidâmes à visiter la deuxième capitale
du grand-duché de Bade.

La gare du chemin de fer est superbe, mais assez
loin de la ville, dans une partie neuve dont toutes les
constructions ressemblent à des palais. Nous déposons
nos valises à l'hôtel du Palatinat, situé dans la principale rue. Désireux de voir le pont du Rhin, nous nous
précipitons dans un tramway, et au bout de cinq minutes nous étions à son terminus. Nous nous trouvons
sur un pont très ordinaire. Étonnement général. —
Le Rhin ici était moins large qu'à Kehl. De plus,
la ville de Ludwigshafen, que les guides Conty et

Bedecker nous représentaient comme une cité de 10,000 habitants, en pleine voie d'extension, nous semble une agglomération de masures sordides et peu propres à devenir une ville importante. Et puis, pas trace de chemin de fer. Nous échangions nos impressions et nos doutes sur la situation topographique quand, en consultant la carte, nous nous apercevons que le Neckar était devant nous, le Rhin à l'autre bout de la ville et que nous tournions le dos à Ludwigshafen ! Nous refaisons, à pied cette fois, l'itinéraire du tramway (qui ne part que toutes les demi-heures) et nous arrivons au château grand-ducal qui se trouve à l'autre extrémité de la ville, heureusement peu longue, et qui par sa configuration en échiquier me rappelle Turin. Le monument par lui-même est immense, assez ordinaire, et l'herbe croît à l'aise dans la cour d'honneur entourée de casernes.

Mais le parc est très beau, et il faut le traverser pour aller trouver le Rhin, cela au grand plaisir de Félix qui va pouvoir admirer les jardins. Pendant que nous suivons une belle allée de tilleuls (c'est Hippolyte qui me nomme ces arbres), mon pied s'embarrasse dans un cerceau en fer, je trébuche... J'étais en train de démolir un jeu de crocket.

Les joueuses étaient de charmantes jeunes filles qui se mirent à rire de ma pseudo-chute. Comme je me retournais pour m'excuser, je renverse un nouveau cercle ; je veux le repiquer en terre, impossible, la terre desséchée s'y refusait, et les rires de continuer de plus belle ; impatienté, je finis par planter là cerceaux et jeunes filles, car j'aurais fini par me casser la jambe et me faire moquer de moi par-dessus le marché.

Nous arrivons enfin au pont, qui est très remarquable et qui sert à la fois au chemin de fer, aux voitures et aux piétons. Le Rhin nous paraît aussi large qu'on le décrit et Ludwigshafen, que nous apercevons, répond bien à la description qui en est donnée.

Nous rentrons dans la ville en traversant un autre côté des jardins ; nous jetons un coup d'œil sur l'église des jésuites, qu'il est trop tard pour visiter, mais dont les grilles de style Louis XIV sont fort remarquables.

Place du théâtre nous voyons la statue de Schiller flanquée à droite et à gauche de deux autres statues, l'une de l'acteur Iffland, le meilleur interprète des œuvres du poète et l'autre de Delberg, ancien intendant du théâtre de la ville. Je trouve originale cette réunion de monuments. Singulier assemblage : Je ne vois pas bien à Paris les statues de Mélingue et de Harel autour d'A. Dumas, pas plus que Frédérick Lemaître à côté de V. Hugo.

Après un excellent dîner (le meilleur de tout notre voyage) nous prenons une voiture pour nous rendre à la gare. Comme je me disposais à payer le même prix que celui qui nous avait été demandé pour aller à l'hôtel, le cocher cherche à me faire comprendre que ce que je lui donne n'est pas suffisant. Les explications en allemand étaient naturellement lettre morte et j'allais exhiber ma monnaie en invitant notre conducteur à se payer lui-même, quand j'entends dire à côté de moi : « Monsieur, c'est 40 pfennigs de plus à cause du tarif de nuit. » Je me retourne et je vois un gamin de douze à treize ans, pieds nus dans des souliers usés. Comme j'exprimais mon étonnement de l'entendre si bien parler notre langue, l'enfant me dit presque fièrement : *Monsieur, on nous apprend le français à l'école!!!* Certainement cet enfant ne

fréquente pas un collège. Le français est donc en-
seigné dans les plus petites écoles allemandes (1)!.

Pendant que je faisais ces réflexions, le gendarme de
planton à la gare, voyant mon désaccord avec le cocher, s'avance et, à la suite d'explications données par
celui-ci, me fait payer le *tarif de jour!!!*

Voilà une nouvelle preuve de l'obligeance, de la
prévenance constantes que nous avons rencontrées
partout en Allemagne.

Nous montons dans un compartiment des plus con-
fortables où rien ne manquait, et nous remarquons
un mécanisme qui permet de remplir d'eau chaude
les bouillottes qui sont, en toutes saisons, sous les ban-
quettes. Celles-ci, en s'allongeant à volonté, forment
une sorte de canapé sur lequel on se repose comme
sur un lit. Quelle différence avec nos wagons ! Mais,
en revanche, les nôtres sont en général plus propres
que ceux de nos voisins (sur les lignes de Lyon et
d'Orléans notamment).

A dix heures du soir nous arrivons à *Francfort*, et
nous courons successivement dans les trois gares, voi-
sines heureusement, pour retrouver nos bagages, que
nous avions expédiés de Heidelberg.

Francfort était pour le moment le siège d'un con-
grès d'ingénieurs. Aussi nous dûmes aller frapper à
plusieurs hôtels pour trouver un gîte. Un moment
nous eûmes l'espoir de loger à l'hôtel du Cygne, où fut
signé le traité de paix de Francfort (le 10 mai 1871), mais
il était complet. Nous aboutîmes enfin à l'hôtel de Paris.
La température était sénégalienne. A peine arrivés

(1) Par exemple, l'enseignement de notre langue est rigoureusement
proscrit en Alsace-Lorraine.

nous faisons une promenade à travers de larges et belles rues éclairées à la lumière électrique, et nous allons nous asseoir devant un café, dont l'élégance et le confortable n'ont rien à envier aux plus beaux établissements similaires de la ville que nous avons peut-être tort d'appeler la capitale du monde civilisé.

Nous pouvions dire que nous n'avions pas perdu notre temps, car, partis de Bade le matin à huit heures, nous couchions à onze heures à Francfort, notre sixième étape de la journée.

Samedi 21 août.

En sortant de notre hôtel, la première chose qui frappe nos yeux est une statue en bronze de Schiller. Mais le Schiller de Francfort ne ressemble pas du tout à celui de Mannheim.

Nous allons à la *Poste ;* c'est un superbe monument qui se trouve dans la *Zeil,* la plus belle rue de la ville. L'installation des bureaux est parfaite et l'organisation très pratique. Nous prenons ensuite un tramway qui nous conduit au *Zoologischer Garten,* dont les guides nous recommandent la visite, et dont la réputation est établie dans toute l'Allemagne.

Cependant notre impression n'a pas été favorable, nous avons trouvé ce fameux jardin au-dessous de sa renommée, très inférieur au jardin zoologique d'Anvers et surtout à celui de Londres et pas supérieur à notre Jardin des plantes. Quant à l'aquarium, il est loin en arrière de celui du Trocadéro.

Mentionnons une tour du haut de laquelle on a, paraît-il, une vue magnifique. Mais cette tour était fermée lors de notre visite, bien que le ticket délivré au guichet indiquât que nous avions droit à l'ascension.

En sortant du jardin, nous prenons une voiture. Le cocher ne parlait pas français, mais nous n'en étions plus à nous inquiéter de ce détail. Il nous suffisait de

montrer le plan de la ville, de faire un geste de rota-
tion, et on comprenait que nous voulions circuler.

Partout les cochers ont fait pour nous avec une
extrême complaisance l'office de cicerone, c'est-à-dire
qu'ils nous indiquaient les monuments à visiter, nous
offrant de nous arrêter si nous en avions le désir.

Nous commençons notre tournée dans Francfort par
le quartier des juifs, qui commence à trop se rajeunir
au point de vue des touristes. Tout un côté de la *Juden
Gasse* a été démoli. On peut cependant se faire une
idée de ce que pouvait être cette ruelle. Il existe encore quelques vieilles maisons de bois dont les boutiques sont occupées par des marchands de vieux habits
et vieilles ferrailles. On montre le numéro 148, où
demeura jusqu'à sa mort la mère des Rothschild. (Les
divers membres de la famille actuelle sont mieux
logés que leur grand'mère.) Nous visitons une très
belle et très riche synagogue et passons devant trois
autres qui n'offrent aucun intérêt.

Nous longeons ensuite le quai par une chaleur torride
et nous allons voir un musée historique qui se trouve
au rez-de-chaussée du beau palais des Archives. Ce
musée, très intéressant, est le seul que nous ayions pu
visiter pendant notre voyage. Il procède à la fois du
musée de Cluny, du musée d'artillerie et du musée du
Louvre. Une collection d'anciennes coiffures de l'armée prussienne est bien amusante à voir. Il y a des
shakos de 25 centimètres de haut surmontés de plumets
de 1 mètre; et dire qu'ils ont été trouvés très élégants
en 1810!!!

La cathédrale se trouve en face du musée. Cette église,
où se faisait jadis le couronnement des empereurs,
est remarquable en ce qu'elle paraît tout en largeur.

Les autels sont à côté les uns des autres sur la même ligne. La chapelle principale est très jolie. Les sculptures qui se trouvent autour de l'église nous ont semblé bien ordinaires. Sur le tombeau du comte de Lameth, lieutenant général au service de la France, nous avons relevé cette inscription :

« Ci gît le comte de Lameth, etc., etc. *Sa veuve ayant perdu la moitié d'elle-même ne conserva l'autre moitié que pour se résigner aux décrets de la Providence !!!* »

Nous visitons le *Rœmer*, devenu l'Hôtel de Ville de Francfort. Ce monument, comme aspect extérieur, ressemble au magasin à décors de l'Opéra, place Louvois. Au premier étage, auquel on accède par un superbe escalier, se trouve la salle des Empereurs. Cette salle est dépourvue de tout ameublement et ornée seulement des portraits de tous les empereurs d'Allemagne depuis Charlemagne jusqu'à François II. Il y a même le portrait de l'archiduc Jean, avec la date de *1848*. Il me semblait pourtant qu'il n'y avait pas eu d'empereur depuis 1792 jusqu'en 1871.

Dans le petit salon qui fait suite à la salle des Empereurs, se trouve une réduction en argent de *la Germania*, monument que nous verrons sur le Niderwaal.

Nous continuons notre visite de la ville par le nouvel Opéra, qui paraît être une reproduction en petit du nôtre, et par la nouvelle Bourse, très beau monument dans lequel nous entrons moyennant 20 pfennigs et le dépôt obligatoire de nos cannes et parapluies. La Bourse s'ouvrait au moment de notre entrée. Hippolyte était ahuri des cris poussés par les uns et les autres. Nous lui disons que ce qui se passe à Francfort est la reproduction du tohu-bohu de la Bourse de Paris, ni plus ni moins. Il est vrai que, pour le spectateur indifférent qui voit cela de la galerie, la réunion de ces boursiers, sans distinction de nationalité, semble une réunion de fous.

Nous sortons un peu du centre de la ville et parcourons un quartier riche, mais peu animé. Nous passons ensuite devant la statue de Gœthe et nous nous trouvons en face du monument de Gutenberg. Ce monument se compose de trois personnages. De loin on dirait le groupe de Guillaume Tell, Arnold et Walther... complotant la libération de l'Helvétie. Les deux compagnons de Gutenberg sont ses associés *Schœffer* et *Fust*. J'avoue que ces noms me frappent pour la première fois. Le monument est très beau ; les statues de la Théologie, de la Poésie et de la Science sont d'un grand effet.

Nous aurions bien des choses à voir encore à Francfort. Il y a des musées très riches et où Félix aurait pu satisfaire sa curiosité d'amateur, mais le temps nous pousse toujours, et à deux heures nous sommes obligés de nous mettre en route pour *Wiesbaden*, emportant de Francfort le souvenir d'une belle, grande et riche ville.

Nous n'avions que trois heures à donner à Wiesbaden, et il ne nous a pas paru que ce temps fût insuffisant. La ville se présente tout d'abord, en quittant la gare, sous un aspect des plus agréables. La rue qui nous conduit au palais ducal est ornée d'un côté de jolies boutiques et de l'autre d'un beau jardin.

Nous allons à Markt Platz, où se trouve le palais ducal, ancien palais du duc de Nassau et actuellement résidence d'été de l'empereur... qui n'y réside presque jamais. Le palais, comme ceux de Carlsruhe et de Mannheim, ressemble à une vaste caserne. A côté se trouve l'église évangélique construite tout en pierres rouges. (Du reste, presque tous les monuments de Wiesbaden sont bâtis de même.) Cette église est surmontée de cinq tours assez élevées et au haut desquelles nous nous sommes abstenus de monter.

En nous dirigeant du côté de la synagogue, nous avons été arrêtés par un régiment d'infanterie se rendant aux manœuvres. Les soldats avaient l'air fatigué, et la poussière dont leurs vêtements étaient couverts indiquait qu'ils venaient de faire une longue course, mais ils marchaient avec la même régularité qu'à la parade. — Nous avons été unanimes pour déclarer que nous n'avions jamais rien entendu de plus assommant que les fifres qui les précédaient. C'est criard et monotone au possible. Les musiciens portent le clairon sur le sac, ce qui indique qu'ils cumulent l'emploi des deux instruments.

La synagogue, qui ne date que de 1869, est superbe. Elle est bâtie dans le style mauresque, en pierres blanches et rouges, et l'intérieur est d'une grande richesse. La décoration est à la façon de l'Alhambra.

Les honneurs de la synagogue nous ont été faits par une jeune fille parlant fort bien le français et qui était très jolie avec des cheveux noirs magnifiques. Je lui mis dans la main 1 marck avec le sourire gracieux de quelqu'un qui a conscience de faire acte de générosité. Mais la jeune fille, sans le moindre sourire, me montre mon marck et me dit : *encore deux*. Cette candide enfant d'Israël est une bonne caissière, mais elle me parut moins jolie après sa réclamation.

Nous remarquons encore une statue de Schiller (on voit que les Allemands honorent leurs poètes), et après une belle promenade dans le parc qui entoure le Kursaal, que nous ne faisons qu'apercevoir, notre voiture

prend une rue où se trouve la Trinkalle, longue galerie de fer qui ressemble à une gare de chemin de fer
et qui fait suite au Cursaal; et, par une route splendide
à travers bois, nous arrivons à la *chapelle grecque*, la
merveille de Wiesbaden.

Ce monument ressemble à l'église russe de la rue
Daru, mais il a sur celle-ci l'avantage d'être admira-
blement situé.

On découvre une vue splendide de Wiesbaden et de
Mayence. Le temps nous favorisait et nous permettait
d'apprécier comme elle le mérite cette situation excep-
tionnelle.

L'intérieur de la chapelle est très riche. Les dorures,
les fresques, le marbre s'y marient avec le meilleur
goût. Le mausolée de la duchesse de Nassau, la grande-
duchesse de Russie Élisabeth Michelawna, tout en
marbre blanc, est d'une beauté imposante, et l'exécution artistique est très réussie.

En redescendant par la même route, qui nous permet
de jouir encore du panorama, nous ne pouvons nous
empêcher de faire cette réflexion : que les fidèles qui
viennent entendre l'office à la chapelle grecque ont un
mérite tout particulier, ayant une heure à pied pour
se rendre de Wiesbaden à cette église par une route
très rapide. Il paraît que, malgré cela, l'office du dimanche est très suivi par la colonie russe.

Nous n'avions plus, de l'aveu même des guides Bedecker et Conty, rien à voir à Wiesbaden. Si nous avions le
temps (toujours) nous passerions volontiers notre soirée
dans cette jolie ville, mais il faut suivre notre itinéraire à
la minute, et nous partons à cinq heures pour *Mayence*.

Il avait fallu que nous fissions bien attention aux sta-

tions. Notre billet circulaire nous indiquait bien que
Mayence s'appelle *Mainz*, mais la prononciation, que
je ne puis reproduire ici, est telle que nous courions
risque de ne pas la reconnaître sur l'appel des employés. Plus tard, nous avons éprouvé le même inconvénient avec *Köln* pour Cologne, et *Achen* pour Aix-la-
Chapelle. — Entre nous trois nous ne nommions plus
un château qu'un *schloss*, une église un *kirche* (nous
prononcions *kurche*), un chemin de fer un *banhoff*
(que ce fût la voie ou la gare); mais ce n'était pas suffisant pour prétendre connaître à fond la langue et la
prononciation allemandes.

Nous descendons à Castel, et, après avoir passé le
Rhin sur un superbe pont de 555 mètres de longueur,
qui a remplacé le fameux pont de bateaux, nous sommes à Mayence en face de l'hôtel d'Angleterre, qui
doit nous abriter. Nous pouvions donc, de nos chambres, jouir de la vue du Rhin avec le mouvement et
l'animation des bateaux qui vont de Mayence à Rot-
terdam, mais pour cela il fallait monter au quatrième!

Arrivés au second étage, nous nous déclarons trop
fatigués pour continuer l'ascension et nous renonçons à
être sur le devant pour être moins haut.

Après dîner, nous prenons un tramway qui traverse
la ville dans toute sa longueur. Mayence nous paraît
peu gaie le soir.

Une sorte de fête foraine se tenait sur le quai. Nous
allons achever notre soirée dans une baraque où,
moyennant 20 pfennigs (5 sous) par tête, aux premiè-
res, nous avons le spectacle de la lanterne magique.
La salle (?) était bondée de spectateurs civils et militaires qui paraissaient enthousiasmés de la représen-
tation et du boniment de l'impresario. Mais la chaleur

était telle qu'au bout de quelques instants nous nous arrachons sans regrets à cette soirée délicieuse.

Félix avait la chance d'être couché dans un excellent lit, qui n'avait qu'un inconvénient : le matelas de dessus était en trois morceaux. Ce ne fut qu'au milieu de la nuit qu'il eut l'idée d'opérer un changement et de reléguer au second plan ce matelas étrange. Quant aux draps, ce n'étaient même plus des serviettes comme à Bade, mais à peine de grands mouchoirs.

Devant nous rendre à Bingen par le bateau à vapeur, notre premier soin fut d'expédier nos valises à Kreuznach, par le chemin de fer. Cela nous fournit l'occasion de visiter la gare centrale de Mayence qui est vraiment fort belle, tant extérieurement qu'intérieurement.

Dans notre pérégrination à travers la ville, nous remarquons l'arsenal, le palais du grand-duc de Hesse, l'église Saint-Pierre, église catholique *militaire*. Tous monuments en grès rouge (c'est, paraît-il, la mode allemande).

Nous avons aussi le plaisir de rencontrer une cinquième statue de Schiller. Vue fatigante par sa répétition, mais moins monotone par la différence notable des traits du poète qui varient selon les cités.

Encore un nouveau monument à Gutenberg ! Décidément l'Allemagne n'est pas avare de marbre, de bronze, de pierre, pour ses gloires nationales. Mais ce que nous rencontrons surtout, ce sont des monuments militaires et des soldats de tous les corps. Le militaire tient le haut du pavé dans cette ville forte.

Nous passons devant la citadelle d'*Eigelstein*, et, d'une terrasse plantée de tilleuls, nous avons une très belle vue d'ensemble de la cathédrale.

Nous n'avons pas voulu demander la permission, qui s'obtient facilement, de visiter la citadelle d'Eigel-

stein ; il nous eût été très désagréable d'être pilotés
par un sous-officier allemand, et d'entendre de sa bou-
che l'énumération de la richesse militaire de cette forteresse et peut-être des autres. Ce n'est pas là la place
d'un Francais, à moins que cette visite ne soit profitable
au point de vue technique; tel n'était pas notre cas.

Nous entendons la messe à l'église Saint-Étienne.
Seules, les femmes sont assises; les hommes, assez
nombreux, se tiennent debout. Nous arrivons à l'Évan-
gile, et subissons un interminable sermon *lu* par le
prêtre. L'allocution nous eût semblé longue en français, mais en allemand ! — Je ne sais quel est le rite
suivi à Mayence, mais la messe dure certainement
(sermon à part) un bon tiers de temps de plus qu'en
France. Je n'ai pu me rendre compte de ce que l'offi-
ciant fait entre le Sanctus et l'Élévation. La grand'-
messe a certainement duré une heure trois quarts.

Nous nous rendons à la cathédrale qui est, en
somme, le seul monument remarquable de la ville.
L'intérieur n'est pas encore entièrement achevé. En
effet, ce qui frappe, c'est la nudité absolue de ce qui
sera plus tard le chœur, tandis que le chœur actuel est
destiné à être le bout de la nef principale. Je dis la nef
principale, car il y en a trois dans la cathédrale.

Une messe est sur le point d'être dite. Or, pour
obtempérer à l'avis écrit en allemand, en anglais et en
français, interdisant de visiter l'église pendant la célé-
bration d'une cérémonie *quelconque* du culte, nous
mettons une certaine discrétion dans nos allées et
venues. Nous pouvons cependant nous rendre compte
de la profusion de monuments et de pierres tumulaires
qui se trouve dans la cathédrale, très riche et très belle.

En sortant, nous voyons des soldats de toutes armes

débouchant en corps de différents côtés pour se réunir sur une place, où arrivent également des officiers de tous grades et en grande tenue. Nous nous informons et il nous est expliqué que chaque dimanche les soldats catholiques sont conduits à l'église Saint-Pierre et les protestants au temple Saint-Thomas. Un détachement de chaque régiment est délégué à l'église et au temple. Mais *tous* les officiers assistent à l'office militaire selon leur religion.

Ah ! si cela se passait ainsi en France !!! Je ne vais pas jusqu'à demander le rétablissement des messes officielles, mais quand on voit chez nous que, même dans les enterrements militaires, les soldats en armes n'entrent plus dans l'église, quand on voit des officiers généraux désignés à la vindicte du ministre parce qu'ils vont à la messe en tenue (cela vient d'avoir lieu pour le général Berge), quand on se rappelle le colonel de l'Espée mis en retrait d'emploi pour avoir donné publiquement la main à un père jésuite, son ami d'enfance (1); on rougit de voir que chez les Allemands le sentiment religieux est honoré, et qu'ils ont le respect de ce qui est respectable.

Pendant notre promenade nous avons remarqué sur la porte de plusieurs maisons particulières une plaque portant ces mots : *Amein vereir ;* cette inscription indique que le propriétaire fait partie de la *Société pour les pauvres,* et que ceux-ci n'ont qu'à se présenter pour être secourus. Cela explique comment depuis notre entrée en Allemagne nous n'avons pas rencontré un seul mendiant.

(1) Le fait a eu lieu au mois de juillet 1880, le général Farre étant ministre.

Un petit incident. Il faisait un soleil éclatant et très gênant. Je promenais avec précaution depuis notre départ de Paris un parapluie tout neuf que je n'avais pas encore ouvert; je l'offre à Félix pour lui servir d'ombrelle, et quelle n'est pas ma stupéfaction! mon parapluie neuf (acheté il est vrai 3ʳ,50) était une véritable écumoire! Je laisse à penser si ce malheureux riflard a été l'objet des quolibets de mes compagnons de route.

Nous rentrons à l'hôtel par les quartiers neufs où l'on fait de magnifiques constructions, et à midi nous prenons le bateau pour Rudesheim.

Le *Gœthe*, sur lequel nous nous embarquons, est un superbe bateau, bientôt rempli par la foule qui profite du dimanche et du temps splendide.

Les guides Conty et Bedecker avertissent charitablement leurs lecteurs que de Mayence à Bingen le panorama est à droite. Cela nous évite de partager inutilement notre attention. Nous passons d'abord entre les deux îles : *Ingelheimeir-Au* et *Peters-Au*. Dans cette dernière île mourut Louis le Débonnaire.

A Biebrich, nous prenons les voyageurs venant de Wiesbaden, que nous apercevons fort bien du bateau. Pendant l'arrêt nous remarquons une grande caserne (en grès rouge naturellement) qui est une école de sous-officiers, et un château style renaissance d'une très belle architecture. Il a appartenu à l'ex-grand-duc de Nassau. Remarqué aussi en face du débarcadère un des très nombreux monuments commémoratifs de 1870-1871. Nous en avons déjà vu et en verrons encore beaucoup, hélas !

Rien à signaler depuis Biebrich. Des coteaux, encore

des coteaux et de loin en loin un château plus ou moins
intéressant. Un peu avant d'arriver à Rudesheim,
nous apercevons le fameux domaine de Johannisberg,
célèbre par son vignoble, qui donne au prince de Met-
ternich un revenu annuel d'environ 150,000 marcks
(près de 190,000 francs); donc le phylloxera n'a pas
encore fait son apparition dans le pays. Le château
nous paraît fort beau, du moins ce que nous pouvons
en apercevoir.

A Rudesheim, nous débarquons, ainsi que de nombreux voyageurs.

Le paysage de Mayence à Bingen ou Rudesheim est
joli, mais ne vaut pas la peine du voyage en bateau,
le chemin de fer de la rive gauche du Rhin offrant les
mêmes points de vue. On nous l'avait bien dit, mais
d'autres voyageurs nous avaient affirmé qu'il fallait
absolument faire le Rhin de Mayence à Bonn. Nous
suivîmes ce dernier avis qui n'était pas le meilleur;
que notre expérience profite au moins à d'autres.

Nous allons prendre un chemin de fer funiculaire
qui doit nous conduire au *Niederwald* où se trouve le
monument de la *Germania*. Les places sont prises
d'assaut.

Je me rappelle pareille ascension faite au Vésuve,
mais quel changement dans les conditions! Nous étions
tous Français, pleins d'entrain et de gaieté et nous
montions en chantant à pleins poumons. Ici, je crois
bien qu'il n'y a que nous trois de Français, et le chemin
de fer nous mène à un monument élevé à la gloire de
nos vainqueurs!!!

En entrant sous bois, un peu avant d'arriver au
sommet du Niederwald, nous nous rendons parfaite-

ment compte de l'endroit où Dieblich avait installé la
machine qui devait faire sauter l'empereur d'Allemagne et son entourage le jour où la statue fut inau-
gurée. Sans un orage qui mouilla les fils conducteurs,
Dieu sait ce qui serait arrivé !

De la terrasse on a une vue de toute beauté et très
étendue. Le panorama mérite que l'on fasse l'ascension du Niederwald.

Au point de vue purement artistique, le monument
est superbe, élevé à l'endroit précis (ou à peu près) qui
sépare la Prusse proprement dite de l'ancienne confé-
dération germanique. Nous ne nous arrêtons pas
longtemps devant cette statue qui faisait mal à notre
cœur de Français, et, cette fois, nous sommes heureux
de ne pas entendre les commentaires des visiteurs
dont bon nombre ont entouré leur chapeau d'une couronne de feuilles de chêne ceuillies dans la forêt. Nous
regagnons le funiculaire et le Rhin.

Un bac à vapeur fait le service entre Rudesheim et
Bingen, situé en face sur la rive gauche du fleuve.
Mais il nous faudrait attendre l'heure, encore assez
lointaine, de son passage, et nous préférons prendre
une barque particulière, ce qui nous permettra de
prendre le chemin de fer de Kreuznach.

Un grand bachot est là dont le patron appelle les
clients qu'il s'offre à conduire moyennant un marck
par tête. Le bachot ne nous inspire pas assez de con-
fiance pour nous y embarquer avec vingt-cinq autres
voyageurs, et nous donnons la préférence à un petit
bateau plus propre où nous serons seuls. Le batelier
nous demande deux marcks pour nous mener à Bin-
gerbruch, un peu plus loin que Bingen.

Nous voyons tout de suite que là commence le pano-

rama du Rhin, dont le cours devient beaucoup plus
resserré.

Un peu avant d'arriver à Bingerbruck nous nous
trouvons dans le sillage d'un grand bateau à vapeur
qui nous fait fortement danser. Cela devient même un
instant inquiétant et nous décidons qu'en cas de danger réel le sac à photographie sera sacrifié. Mais le
danger ne se produit pas ; nous abordons tranquille-
ment à Bingerbruck, à la grande joie d'Hippolyte qui
a tremblé pour le cher appareil. Nous payons le batelier
et, à notre stupéfaction, il ne nous demande que 2 marks
pour nous trois, alors que nous pensions que c'était
pour chacun de nous qu'il avait fixé son prix. C'est inouï
de bon marché. Le collègue aux vingt-cinq voyageurs
dut se faire une belle journée ce dimanche.

Nous avons une heure à attendre à la gare : Hippolyte en profite pour se livrer à la reproduction pho-
tographique des environs et il prend de jolies vues des
ruines d'*Ehrenfelds*, de la *Tour des Souris* et du château de *Klopp*.

A cinq heures nous prenons le train pour Kreuznach (1), où nous avons le bonheur de rejoindre la
famille de Félix et d'Hippolyte, moins son chef, que
nous retrouverons à Ems.

Kreuznach-bad est très gentil. Le chemin qui mène
de la gare à Louisen Strasse est bordé de jolies villas
entourées de jardins d'un aspect très agréable.

La soirée se passa en famille, et cela nous sembla
bien bon après six jours de pérégrinations sans arrêt.

(1) C'est à Kreuznach que la cavalerie et l'artillerie de la vieille garde
se sont reformées après la retraite qui a suivi la désastreuse bataille
de Leipzig.

Dès le matin, accompagnés par toute la famille, nous faisons une promenade en voiture à *Munster*. Mais nous nous sentions tout drôles. Il nous semblait que quelque chose nous manquait. Tout à coup Hippolyte pousse un cri. « Et mon appareil ? Je l'ai oublié à la maison. » Nous étions déjà à 500 mètres. Nous retournons sur nos pas et nous rentrons en possession du bienheureux sac. Faut-il dire que Félix regrettait presque que son neveu se fût aperçu si tôt de l'oubli ?

Nous passons devant les salines qui entretiennent les eaux de Kreuznach. Je veux rompre le jeûne en goûtant de ces eaux naturelles. Mais je suis puni de ma gourmande curiosité.

La route de Kreuznach à Munster est entourée de hauts rochers qui la rendent très pittoresque. A Munster le train, qui arrive directement de Paris, est bondé de voyageurs ; on nous fait monter dans un compartiment de première classe, un véritable salon. Mais nous ne pouvons jouir de tout ce confortable, car on nous adjoint pour compagnons trois personnes, deux dames et un monsieur, celui-ci ayant toutes les apparences d'un domestique. Les dames parlaient anglais entre elles. Nous aurions dû soupçonner leur nationalité à la vue de leurs nombreux colis. Le monsieur n'a pas desserré les dents !

Le bateau ne devant passer à Bingen qu'à onze heures, Hippolyte utilise de nouveau le fameux appareil. En face de nous, toujours la *Germania !* Nous remarquons que l'on emploie des bacs pour amener. des wagons d'une rive à l'autre du Rhin. Ce spectacle de bacs à wagons ne laisse pas que d'être original.

Enfin, à onze heures et demie, le *Humboldt* arrive avec une demi-heure de retard. Énorme bateau plus confortable que le *Gœthe*. Nous nous embarquons avec l'intention de déjeuner à bord. Mais la table d'hôte ne doit commencer qu'à une heure, et c'est à une heure et demie que nous devons débarquer à Oberlahnstein pour prendre le train pour Ems ! Nous nous faisons donc servir à part, mais jamais je n'ai rencontré autant de mauvaise volonté que celle déployée à l'envi par les garçons. Je finis par me fâcher : on daigna enfin se rendre à mes observations et on nous expédia un hâtif déjeuner. Nous étions d'autant plus impatients de quitter la salle à manger que nous longions la plus belle partie du Rhin, sans contredit.

Conty a raison quand il écrit que «descendre le Rhin au vol de la vapeur, c'est assister à une féerie où le machiniste changerait de décors à chaque minute sans donner à peine aux yeux le temps de les voir ». Cette appréciation n'est pas exagérée pour la partie du Rhin de Bingen à Coblentz, et la vue est aussi belle à droite qu'à gauche.

Le voyage par lui-même a été dépourvu de tout incident. Nous ne nous lassons pas d'admirer !!!

Nous remarquons au passage le château de *Rheinsteid*, et les ruines de nombreux châteaux, qui tous étaient bâtis dans d'incomparables situations. Je ne pourrais encore que copier les guides s'il fallait nommer tous les donjons, les églises, les sites qui s'offrent à nos yeux.

Nous longeons entre autres la *Pfalz*, château étrangement planté à pic au milieu du Rhin, et orné de nombreuses tours. Hippolyte a bien regretté que le mouvement du bateau l'empêchât de prendre la vue de ce manoir dont nous n'avons pu trouver aucune photographie. C'est en cet endroit que l'armée de Silésie, composée de Russes et de Prussiens ligués contre Napoléon, passa le Rhin dans la nuit du 31 décembre 1813 au 1.ᵉʳ janvier 1814, au début de la triste campagne de France.

Un léger arrêt à Saint-Goar nous permet de bien voir les belles ruines du château de *Katzenlenbogen*, saccagé par les Français en 1758 et 1794, et celles du château de *Rheinfelds*, détruit également par nous en 1795. En face, le *Chat*, autre château fort détruit par nous en 1806. Un peu plus loin, la *Souris*, forteresse construite pour tenir le *Chat* en échec. Je n'invente pas, je cite textuellement le guide Bedecker.

Il faut reconnaître que nous avons laissé beaucoup de ruines derrière nous, lors de nos différents passages dans le Palatinat et sur les bords du Rhin.

Nous arrivons à Oberlahnstein, ayant conservé la demi-heure de retard depuis Mayence. Nous n'avons le temps de rien regarder; nous nous précipitons vers la gare du chemin de fer, heureusement très proche, pour prendre le train d'Ems, qui, lui aussi, est en retard.

A deux heures, nous arrivons à Ems, où nous avons le plaisir d'embrasser, Félix et Hippolyte leur frère et oncle, moi mon cher ami Léon.

Pour la première fois depuis notre départ, nous ne prenons pas de voiture en quittant la gare. Nous nous rendons tous les quatre à l'hôtel de Darmstadt, et pour la première fois aussi, nous restons deux heures *tranquilles!!* La joie de nous retrouver cause ce changement dans nos habitudes. Mais à quatre heures, Léon doit aller prendre ses verres d'eau et nous l'accompagnons au Curhaus.

L'aspect des galeries et des jardins est très animé en ce moment. Je veux goûter l'eau d'Ems... La cure me rendrait malade à coup sûr.

Nous entrons dans le jardin. La première chose qui nous frappe est une pierre enclavée dans le sol et portant cette inscription laconique : « 13 *juillet* 1870, 9^h,10 *du matin.* » Encore un souvenir bien pénible pour les Français : cette pierre indique l'endroit précis où le roi Guillaume signifia à M. Benedetti qu'il ne le recevrait plus, ce qui motiva la fatale déclaration de guerre.

Nous nous promenons sous les galeries qui relient le Curhaus et le Cursaal, galeries en fer, qui, comme celles de Bade, sont ornées de coquettes boutiques de toutes sortes. Les photographies de l'empereur Guillaume, de la famille impériale, de Bismarck et de Moltke se rencontrent à chaque pas. La *Germania* est reproduite sur toutes ses faces et dans tous les formats.

Nous continuons notre promenade jusqu'au vieux Ems et arrivons devant le grand établissement qui sert à l'exploitation de mines d'argent. Nous ne pouvons obtenir l'autorisation de descendre dans les mines à cause d'une visite d'ingénieurs annoncée pour le lendemain.

Nous faisons par une route pittoresque à travers bois une ascension jusqu'au chalet suisse d'où nous avons une assez belle vue et nous rentrons à l'hôtel par une allée bordée de très jolies villas.

C'est à Ems que nous avons appris le coup d'État de Sofia et la déposition du prince de Battenberg. Cette nouvelle est commentée diversement. Je dois dire qu'elle laisse Hippolyte absolument froid. Il ignorait jusqu'à l'existence de ce prince de Battenberg... à coup sûr il n'était pas le seul !

Le soir, après avoir entendu le concert donné par un bon orchestre de musiciens civils, nous allâmes parcourir les journaux (nous n'en avions lu aucun depuis notre départ), dans le salon de lecture du Cursaal. Mais il régnait une telle chaleur dans ce salon, trop illuminé par des lampes à pétrole, que notre lecture fut abrégée; nous ne pûmes rester plus d'un quart d'heure dans cette fournaise; du reste, les journaux nous parurent manquer totalement d'intérêt.

Dès sept heures, Léon vint me prendre pour l'accompagner au Curhaus et entendre le concert. L'orchestre, comme morceau d'ouverture, exécute tous les matins une sorte d'Invocation au Seigneur. L'intention est meilleure que le morceau en lui-même, qui m'a paru ressembler au *God save the Queen...* C'est tout dire.

C'est un spectacle assez original de voir tous les promeneurs armés d'un grand verre dont ils avalent de temps en temps une gorgée en faisant le tour du parc. J'étais presque le seul n'ayant pas un verre en main; mais je n'étais pas affriolé par cette eau chaude dont j'avais goûté la veille.

Comme Bade, Ems a beaucoup perdu depuis la guerre et depuis la suppression des jeux. Les Français, qui ne sont pas venus du tout pendant dix ans, ne reviennent pas encore bien nombreux. Des Anglais, quelques Américains et beaucoup d'Allemands, telle est la clientèle actuelle.

Pour nous remettre d'un repos extraordinaire qui durait depuis la veille, nous fîmes, Hippolyte et moi, une excursion dans la montagne jusqu'au Bœderli, rocher très élevé sur lequel se trouve une tour appelée *Concordiathurm*. Nous eûmes là une vue d'ensemble d'Ems, et Hippolyte put en faire une belle photographie. Mais dans cette tour nous nous trouvions au milieu d'un brouillard d'insectes ! Nous étions littéralement couverts de mouches dont, heureusement, nous pûmes nous débarrasser assez facilement.

A mi-côte de la Concordiathurm, se trouve un monument élevé à la gloire des combattants de 1870-1871 (toujours!). Hippolyte impatienté avait envie d'écrire *Iéna* au milieu des inscriptions qui étaient gravées sur le piédestal.

Nous allâmes ensuite tous les quatre à *Nassau*. Est-ce le château qui a donné son nom à cette petite ville? est-ce la ville qui a donné son nom au château? je n'ai pu avoir aucun éclaircissement sur ce sujet. Le chemin de fer vous amène d'Ems en une demi-heure. Nous montons, Léon, Hippolyte et moi jusqu'en haut d'une colline sur laquelle se trouvent les ruines du château. Ce manoir ne devait pas être facile à assiéger; son élévation pouvait le protéger contre toute attaque, d'autant plus que la route, fort commode, qui y conduit aujourd'hui devait être à l'état rudimentaire aux XII°, XIII°. et XIV° siècles.

Sur la même colline, et plus bas, se trouve, sur une construction en grès rouge (toujours du grès rouge!), la statue du baron de Stein, qui a prêché si énergiquement la guerre contre nous de 1807 à 1815, et qui a tant fait pour la réorganisation de la Prusse.

Nous déjeunons dans une sorte de chalet dont ni le patron, ni la servante ne comprennent le français; nous parvenons cependant à nous faire servir. Le plus difficile à obtenir ce fut une carafe pleine. On commença à nous apporter à chacun un verre d'eau fraîche, nous fîmes comprendre que ce n'était pas suffisant. Alors la jeune servante nous apporte une bouteille d'eau minérale quelconque que nous repous-

sons tous d'une voix. Enfin à force de gestes, suffisam-
ment expressifs il faut le croire, la bienheureuse carafe apparut.

Nous continuâmes notre promenade jusqu'à un petit
village voisin de Nassau, dont il m'est impossible de
retrouver le nom, peu important du reste. C'est là qu'il
nous fut donné de remarquer jusqu'où va l'organisation militaire en Allemagne.

Au croisement de deux routes, une plaque mentionne
toutes les indications militaires intéressant les habitants de Nassau et de ce village. Je transcris exactement l'inscription que j'ai pu copier.

NASSAU (XIIe corps.)

Infanterie. — Regiment in Coblentz.
Reitende-Kanoniere. — In Wiesbaden.

LANDWEHR.

Infonterie. — 112e regiment, 8e bataillon, in Ems.
Reitende-Kanoniere. — In Coblentz.

De cette façon l'homme de la réserve ou de la
landwehr sait où il doit rejoindre son corps, comme
il sait le nom de son village : comme cela doit sim-
plifier la mobilisation !

En rentrant dans Nassau, nous sommes pris par
un violent orage dont mon parapluie à soupapes nous
garantit mal. Heureusement le train ne tarde pas à
arriver et nous met de suite à l'abri.

Le temps nous avait manqué, en quittant le bateau à
Oberlahnstein, pour aller visiter le château de *Stolzen-
felds* dont nous n'avions pu que remarquer à la hâte
la splendide situation. Nous profitâmes du restant de
l'après-midi et, laissant Léon à Ems, le chemin de fer

nous mena à Oberlahnstein d'où un bateau à vapeur nous transporta sur la rive gauche du Rhin à *Capellen*.

La route magnifique qui conduit au château nous rappelait, en mieux peut-être, la route de Bade à Éberstein. Malheureusement il pleuvait; il faisait même un fort orage en face de nous. Malgré cela et étant couvert par les arbres, la promenade nous parut bien agréable. Seul, Hippolyte était vivement contrarié du temps. Il y aurait eu de si belles photographies à faire, et il avait dû laisser l'appareil en garde chez un boulanger de Capellen, afin de ne pas en être inutilement chargé dans cette ascension !

Le château de Stolzenfels, qui fut détruit par les Français en 1689, a été entièrement reconstruit par Frédéric-Guillaume IV, prédécesseur du roi de Prusse actuel, d'après les plans de l'ancien château. De la terrasse qui se trouve à 94 mètres au-dessus du Rhin, on jouit d'une vue admirable. La moitié du panorama était cependant gâtée par le mauvais temps; mais le ciel était découvert dans la direction de Coblentz et nous avons pu jouir de la vue magnifique de cette partie de la vallée du Rhin.

Le guide Bedecker dit que lorsqu'il vient beaucoup de monde, comme c'est l'ordinaire en été, le gardien s'en débarrasse au plus vite. Nous n'étions que nous trois, et la gardienne très jolie et distinguée, qui parle fort bien le français, ne parut pas vouloir se débarrasser de nous.

Dès leur entrée dans l'intérieur, les visiteurs sont invités à chausser de larges pantoufles de feutre. Cette précaution a le double avantage de ménager les parquets qui sont très beaux et d'empêcher les touristes de se casser la jambe. Le château est artistiquement meublé et orné de statues et de tableaux très curieux ; c'est un vrai musée. Depuis 1860 il n'a jamais été habité. Il est actuellement la propriété de l'empereur Guillaume, qui, paraît-il, n'y a jamais mis les pieds. Il est entretenu de telle façon qu'il serait habitable du jour au lendemain.

On nous montre, entre autres curiosités, un modèle en liège du château, tel qu'il était avant sa restauration. Il y a eu tout, absolument tout à reconstruire.

Du haut de la tour, nous avons encore une vue splendide ; nous ne pouvons nous lasser d'admirer la situation sans rivale de ce château, dont nous terminons la visite par la chapelle très remarquable.

Nous reprenons le bateau à vapeur ; nous sommes atrocement secoués, mais le trajet est si court que nous n'avons guère le temps de nous plaindre. Nous rentrons à Ems rapportant de notre visite la plus agréable impression.

Je ne sais quelle fête il y avait à Ems, mais on avait annoncé des illuminations et un feu d'artifice. Tout cela s'est borné à quelques médiocres feux de Bengale sur la *Lahn*, rivière qui traverse la ville.

Comme je l'ai dit plus haut, des ingénieurs et des mineurs devaient venir visiter les mines d'argent qui se trouvent au bout de la ville. Ils sont venus en effet, et nous les avions rencontrés dans la journée formés en bataillon et musique en tête. Le soir, ce fut leur fanfare qui donna le concert au jardin du Cursaal, et les musiciens s'en allèrent à la gare en jouant une marche, accompagnés par la population qui les suivait en marquant le pas.

Un numéro du programme de ce concert était assez

original : c'était un pot-pourri composé de morceaux d'opéras et d'opérettes diversement mêlés. La *Belle-Hélène* faisait suite à la *Juive* et la marche du *Prophète* précédait le rondeau du *Petit-Duc*.

Nous rentrons nous reposer de notre journée si bien remplie. La nuit, Félix rêva que l'empereur Guillaume lui donnait, sa vie durant (la vie durant de Félix, bien entendu), la jouissance du château de Stolzenfels, ce qui n'est pas à dédaigner.

A sept heures, je vais entendre de nouveau avec Léon la fameuse Invocation qui me produit le même effet que la veille.

Un marché aux fleurs se tient autour du Jardin du Curhaus; Félix et Hippolyte, qui nous ont rejoints, apprécient en connaisseurs l'élégance des bouquets, des éventails, des écrans tout en fleurs mis en vente. Nous terminons notre promenade par une visite à l'église grecque, qui est assez coquette, mais n'offre rien de remarquable, et, à dix heures, nous quittons Léon et nous prenons le train pour Coblentz, où nous arrivons au bout d'une demi-heure.

En descendant du chemin de fer, nous reprenons nos habitudes et sautons dans une voiture. Nous faisons au cocher le geste traditionnel pour lui indiquer que nous désirions parcourir la ville, et en route.

En arrivant à Coblentz par la gare de la rive droite du Rhin on ne croirait pas entrer dans une ville forte, une ville de garnison. Nous suivons une route plantée de beaux arbres et le cocher nous arrête à la porte de ravissants jardins en nous faisant signe qu'il nous retrouvera à l'autre bout. Nous parcourons à pied les charmantes promenades appelées *Rheinanlagen* qui longent le Rhin; c'est l'impératrice Augusta qui les a créées.

On se croirait à la campagne si la vue d'un fort immense qui se trouve à droite ne rappelait aux voyageurs qu'ils sont dans une place de guerre.

Nous entrons dans la ville proprement dite et, dès ce moment, il n'y a plus d'illusions à se faire. Nous sommes bien dans une ville de garnison. Il y a autant de soldats que de pavés.

Nous étions, comme toujours, très pressés par le temps. Tenant à ne pas manquer le bateau qui passe à une heure, nous recommandons donc à notre cocher d'activer; mais, à la vérité, il n'y a rien ou presque rien à voir à Coblentz (1). Le château royal est tout ce qu'il y a de plus banal comme bâtiment. Il paraît que l'intérieur est assez intéressant à visiter, mais l'entrée est interdite, l'impératrice résidant, pour le moment, dans sa demeure favorite. Nous passons sous la porte de Mayence (Mainzer Thor), suivons une longue avenue faisant suite à des pelouses, puis passant sous une autre porte fortifiée, nous arrivons à une place où se trouvent quatre tourelles qui forment les angles de quatre rues. L'une d'elles nous conduit à une nouvelle porte (Mosel Thor) et nous voici sur le pont de la Moselle d'où nous avons une très belle vue de cette rivière se jetant dans le Rhin, du superbe pont du chemin de fer et de la forteresse d'*Ehrenbreitstein*.

Nous revenons sur nos pas et entrons dans l'église Saint-Clément qui est nue, triste et d'un aspect général très laid. Près de là, sur une place, s'élève la statue du général Von Gœben, mort en 1880. Ce général a été l'adversaire le plus direct de Faidherbe pendant la guerre c'est lui qui commandait à la bataille de Saint-

(1) Dieu! que les émigrés devaient s'y ennuyer!

Quentin. L'église Saint-Castor, que nous visitons ensuite, nous paraît très ordinaire extérieurement avec
ses quatre tours maussades. L'intérieur est mieux. Le
chœur est orné de tableaux, de dorures et de marbres
d'un assez bel effet. Dans une des trois nefs se trouve
le tombeau de sainte Riza, la fille de Louis le Débonnaire. C'est la première fois que j'entends parler de
cette petite-fille de Charlemagne.

En sortant de l'église nos yeux sont frappés par un
monument, une fontaine, assez laide du reste, sur laquelle se trouvent ces deux inscriptions :

An 1812

MÉMORABLE PAR LA CAMPAGNE CONTRE LES RUSSES

SOUS LE PRÉFECTORAT DE JULES DOAZAN.

et au-dessous :

VU ET APPROUVÉ PAR NOUS

COMMANDANT RUSSE DE LA VILLE DE COBLENTZ

LE 1er JANVIER 1814.

C'est le général de Saint-Priest qui a fait ironique-
ment graver cette dernière inscription. Elle est cruelle
pour nous, mais il faut avouer que M. Jules Doazan a
eu grand tort de vouloir léguer son nom à la posté-
rité. De bonne foi le beau rôle est du côté du général
russe.

N'ayant plus rien à voir à Coblentz, nous quittons
notre voiture sur le quai près du ponton d'embarque-
ment.

Pour la première fois depuis que nous sommes en
Allemagne le cocher nous demande un pourboire ! Jus-

que-là quand nous ajoutions quelques pfennigs au prix réclamé par le cocher, celui-ci se montrait reconnaissant de notre largesse. Le pourboire nous semblait être chose inconnue sur les bords du Rhin. L'automédon de Coblentz nous montre qu'il y a des exceptions à toutes les règles, et de tous ceux (et ils commençaient à être nombreux) qui nous avaient conduits depuis huit jours, celui-là avait été le moins aimable. Je lui donnai 50 pfennigs et il ne parut pas encore satisfait ! !

Le bateau pour Cologne était en retard (décidément c'est la règle). En l'attendant, nous détaillons l'ensemble de la forteresse d'Ehrenbreitstein qui se trouve en face devant nous. C'est une formidable citadelle qui commande le Rhin et la Moselle. Elle est inaccessible de trois côtés et difficilement abordable du quatrième.

Les Français qui l'occupèrent jusqu'à la paix de Lunéville en firent sauter les ouvrages et la démantelèrent complètement avant de la rendre à la Prusse, mais nous dûmes payer 15 millions pour sa reconstruction. Bedecker dit que les frais s'élevèrent au double de cette somme.

Il est très facile de visiter cette forteresse, puisque les cartes se délivrent moyennant payement. Mais nous n'avons pas voulu user de cette latitude, pour le même motif qui nous avait fait nous abstenir de la visite d'Eigelstein à Mayence.

Le pont de bateaux qui relie Coblentz et Ehrenbreitstein a 485 mètres de long. Il est soutenu sur trente-huit pontons. Il s'ouvre très facilement pour livrer passage aux bateaux à vapeur.

Enfin à une heure et demie le *Wilhelm Kaiser und Kœnig* aborde au ponton, et nous nous embarquons pour Bonn.

Nous n'avions pas encore déjeuné à cette heure avancée. Aussi nous nous précipitâmes dans la salle à manger. Jamais nous n'avons assisté à un repas aussi mal et aussi longuement servi. Il y avait bien dix à douze plats, qu'on mit près de deux heures à faire défiler devant nous. Par bonheur nous pouvions voir le paysage par les fenêtres pendant les longs intervalles du service. — En remontant sur le pont nous sommes saisis par la fraîcheur. Le vent était assez fort pour rendre nécessaire l'emploi des manteaux.

Rien de particulier à signaler de Coblentz à Bonn. Nous avons même trouvé que sauf les *Sept montagnes*, que l'on aperçoit de la station de Kœnigswinter et qui sont le but d'une excursion très recommandée, le paysage est plat et sans intérêt. Nous avons été tous trois du même avis : la partie du Rhin réellement belle est entre Bingen et Coblentz. Le reste peut tout aussi bien être fait en chemin de fer.

Bonn est une ville de 30,000 habitants. Nous n'avons fait que la traverser avec un arrêt de quelques minutes à la cathédrale. Rien, absolument rien de curieux. Une belle avenue près de la gare, l'allée de Poppelsdorf, conduit au château que nous apercevons et qui paraît insignifiant.

La gare est magnifique au dehors comme au dedans. Elle se trouve, comme celles de Mannhein, de Mayence, dans un quartier neuf en pleine construction.

Le chemin de fer nous conduit en quarante-cinq minutes à *Cologne*, où nous arrivons à cinq heures.

Après avoir déposé nos valises à l'hôtel, nous allons de suite visiter la cathédrale. Je n'entreprendrai pas de

faire la description de ce monument. Je ne donnerai
que notre impression.

Tout d'abord nous trouvons que l'ensemble, vu de
face, est trop étranglé. Il faudrait une place ou une large
avenue pour faire valoir la grandeur de l'édifice. Le
fronton du milieu du portail est trop écrasé entre les
deux flèches principales. Vue de côté, au contraire,
l'église apparaît grandiose.

Ce n'est que depuis 1880 que la cathédrale est entièrement terminée! C'est la légende qui en est la cause.
Elle a été commencée en 1248!!!

L'intérieur est admirable et produit une impression
profonde.

Pendant que nous examinons les colonnes du chœur,
un monsieur s'approche de nous et, après s'être enquis
de notre nationalité, nous offre de nous faire visiter le
trésor ; nous acceptons. Il sonne, le suisse vient nous
ouvrir la grille du chœur et, moyennant le payement
préalable d'un mark et demi par personne, nous intro-
duit dans la sacristie.

La chambre du trésor est un véritable musée d'objets religieux d'une grande richesse et d'une valeur
artistique et matérielle énorme. Deux châsses, l'une
de saint Hippolyte, l'autre de saint Engelbert, sont
particulièrement remarquables. Ce sont deux mer-
veilles d'orfèvrerie. Le prêtre ou sacristain (je ne sais
au juste) qui nous montrait les objets contenus dans
ce sanctuaire me rappelait tout à fait ses confrères
italiens. A chaque ostensoir, à chaque crucifix qu'il
nous faisait voir, ce n'était de sa part qu'exclamations
admiratrices, comme s'il contemplait ces objets pour la
première fois. Il roulait des yeux en faisant des oh! et
des ah ! en un mot il paraissait jouir pour son propre

compte des curiosités artistiques qu'il est pourtant habitué à montrer.

Nous terminons notre visite dans la cathédrale par une revue des nombreux tombeaux qui se trouvent dans les chapelles du chœur et dont les sujets me paraissent traités tous à peu près de la même façon.

En sortant nous regardons encore soigneusement l'ensemble du monument et notre première opinion est confirmée : jusqu'à nouvel ordre, c'est de ce côté que la vue en est la plus belle.

Nous traversons le pont de Cologne qui, comme celui de Mannheim, sert à la fois pour le chemin de fer, les voitures, les piétons. Ce pont, qui a 424 mètres de long, est magnifique. A une extrémité, faisant face à la cathédrale, se trouve la statue équestre de Frédéric-Guillaume IV ; à l'autre, et lui tournant le dos, celle de Guillaume 1er ; cette dernière figurait à l'Exposition de 1867 à Paris.

Nous passons devant une caserne de cavalerie occupée par des cuirassiers blancs et nous retraversons le Rhin sur le pont de bateaux qui sépare Cologne de la ville de Deutz.

Nous sommes arrêtés pendant plus d'un quart d'heure par le passage de grands bateaux à vapeur qui avaient été eux-mêmes arrêtés par le passage d'un régiment de cavalerie. Pendant notre station forcée nous remarquons un corbillard traîné par deux artilleurs et suivi de soldats qui portent à la main une croix démontée en deux morceaux et un bénitier. L'enterrement religieux est donc favorisé dans l'armée allemande ; et ce sont les soldats qui fournissent les objets du culte pour les obsèques de leurs camarades.

Un chasseur (non pas un chasseur militaire, mais un

disciple de Nemrod) attend auprès de nous que le passage soit libre. Son carnier est plein de toutes petites perdrix. Les deux chiens paraissent avoir fourni une longue course, car ils dorment profondément comme des bêtes harassées de fatigue.

Enfin, le passage est rétabli et nous rentrons dans Cologne. Sur la place qui se trouve presque en face du pont nous voyons le monument élevé à Frédéric-Guillaume III. Autour du piédestal, les statues des seize ministres ou généraux qui ont contribué à affranchir le Rhin de la domination française. Ce monument a été érigé en 1878 par souscription. Il est d'un assez bel effet, quoique un peu lourd.

Après dîner, faute d'autre distraction, nous allons Félix et moi dans une sorte de café-concert fréquenté presque exclusivement par des sous-officiers. Les dames, qui nous paraissent chanter des chansons très salées à en juger par les gestes, sont au mieux avec les spectateurs militaires, avec lesquels elles échangent des œillades pendant leurs morceaux et des bocks pendant les entr'actes. Une d'elles a été rappelée jusqu'à cinq fois ; total cinq chansons différentes. Deux individus, les comiques de la troupe, obtiennent, eux aussi, un très grand succès, et de fait, ils ont une mimique si drôle que nous ne pouvons nous empêcher de rire, quoique ne comprenant pas un traître mot à ce qu'ils chantent.

Au bout d'une demi-heure nous quittons ce lieu de délices. J'avais eu le tort de ne pas faire grande attention au numéro de ma chambre, me fiant à ma mémoire pour reconnaître exactement sa topographie : je vois une clef sur une porte que je crois être la mienne, je veux entrer. La porte résiste, je donne un tour de clef en sens inverse; la porte résiste encore. J'entends à l'intérieur une voix allemande qui doit protester ; je m'aperçois naturellement que je me suis trompé et j'entre dans la chambre d'à côté, qui était bien réellement la mienne, cette fois. Je sus le lendemain matin que j'avais enfermé mon voisin.

Nous sommes réveillés dès l'aube par les cloches d'une église voisine de notre hôtel, puis, quand l'angelus est terminé et que nous commençons à nous rendormir, ce sont des sonneries de trompettes qui nous empêchent de faire la grasse matinée. Nous nous croyions près d'une caserne de cavalerie ou d'artillerie ; mais non, ce sont les conducteurs des voitures de la poste qui font retentir l'air de sonneries guerrières.

Je n'ai pas encore parlé de ces conducteurs qui méritent pourtant bien une mention. Ces malheureux conduisent une affreuse voiture à caisse jaune, et ils sont eux-mêmes affublés d'un costume ridicule. Le chapeau surtout est idéal. Se figure-t-on une sorte de melon en cuir bouilli, surmonté d'un plumeau ou d'un petit balai à main? C'est bouffon. Ils sont tous armés d'une trompette, et ce sont eux qui nous donnaient la sérénade matinale.

Nous devions quitter Cologne dès huit heures, mais nous nous décidons à prolonger notre séjour jusqu'à midi, quitte à nous faire remarquer par cette station trop prolongée dans une ville de guerre.

Nous prenons sur la place de la cathédrale un tramway qui nous conduit au *Zoologischer Garten*, jardin bien supérieur à celui de Francfort et très riche en animaux de toutes sortes. Il possède surtout une collection de carnassiers, lions, tigres, panthères, etc., tout à fait remarquable. Un énorme pavillon (je ne trouve pas d'autre mot) est réservé à ses nombreux ours.

Les allées sont bien tenues ; en un mot, on peut indiquer la visite à ce jardin d'acclimatation comme une promenade indispensable pour quiconque vient à Cologne.

Le *jardin de Flora* qui se trouve tout auprès est, lui aussi, une des curiosités de la ville. C'est, comme son nom l'indique, un jardin botanique qui contient des fleurs, des plantes et des serres qui ont fait l'admiration de Félix et d'Hippolyte. Mais quel que soit le plaisir que nous procure la vue de ces fleurs, nous avons autre chose à faire et nous reprenons le tramway, qui nous ramène à la place de la Cathédrale.

Nous nous rendons à l'église des Jésuites, qui est très belle et très riche, mais trop surchargée d'ornementations.

L'église *Sainte-Ursule* est surtout remarquable par son trésor plein de belles curiosités artistiques, entre autres le reliquaire de la patronne de l'église, et surtout par l'innombrable quantité d'ossements qui se trouvent partout, dans les vitrines, autour des portes, dans les excavations des murs, dans les autels, etc. Une légende parle de onze mille vierges, affiliées à l'ordre de Sainte-Ursule, qui auraient été massacrées. Ce sont leurs ossements (vrais ou faux) qui ornent (?) l'église. Ce n'est ni gai ni beau.

L'église des Saints-Apôtres est insignifiante, et ne mérite pas le moindre arrêt.

L'église *Saint-Géréon* renferme de vieilles tapisseries que je m'abstiens d'apprécier, manquant de compétence ; mais il paraît qu'elles sont très belles. L'aspect

général de l'intérieur de cette église est assez original,
comme architecture, et ne ressemble pas à ce que nous
avons vu jusqu'ici. Un chœur très long fait suite à
une sorte de rotonde qui fait suite elle-même à un
porche carré.

Nous arrêtons là la visite des églises. Il y en a
encore beaucoup à voir, mais le temps, toujours le
temps, ne nous permet pas de prolonger davantage ce
genre de jubilé.

En sortant de Saint-Géréon, nous nous trouvons sur
une avenue plantée d'arbres, où se trouvent le palais
épiscopal et, en face, un monument représentant les
quatre évangélistes soutenant la statue de la Vierge.
Encore un monument qui ne pourrait subsister longtemps à Paris !!! Nos bons conseillers municipaux bri-
seraient plutôt les cinq statues. — Au bout de l'avenue
une caserne de pompiers. Les voitures sont tout atte-
lées, prêtes à marcher au premier signal. Nous lisons
sur une boutique : *Apotecke Jesuiten ;* cette sorte d'en-
seigne ne laisse pas que de nous surprendre. Que veut
dire Pharmacien des Jésuites?

Nous passons dans toute la partie neuve de la ville,
que nous avions aperçue du chemin de fer avant
d'entrer en gare, et qui fait un contraste bien sensible
avec les vieux quartiers. Autant les rues du vieux
Cologne sont étroites et resserrées, autant les nouvelles
avenues sont larges. Les maisons que l'on y bâtit sont,
comme à Mayence, de véritables palais.

Un panorama représente la bataille de Wœrth ;
nous nous sauvons. En rentrant dans la vieille ville,
on nous montre au numéro 10 de la Sternen Gasse la
maison où naquit Rubens et où mourut, dans la mi-
sère, Marie de Médicis.

Sur l'*Augustinen Platz* s'élève une statue de Bismarck, représenté appuyé sur une immense latte de cuirassier. Plus loin, sur une autre place, une statue de Moltke. Mais nous remarquons que depuis Ems nous ne voyons plus de monuments Schiller.

À midi et demi nous quittons Cologne.

Nous ne nous arrêtons pas à Aix-la-Chapelle où, de l'avis unanime, il n'y a rien à voir. Les guides eux-mêmes avouent que l'on éprouve une forte désillusion à la vue de la cathédrale, où il n'existe plus le moindre souvenir du grand empereur Charlemagne. Autant nous éviter cette désillusion. Je persiste à dire que la façon dont les Allemands appellent *Achen* est incompréhensible ; allez donc deviner *Aix-la-Chapelle!*

La route d'Aix-la-Chapelle à Verviers est très jolie et très pittoresque. A Verviers, visite de la douane belge. Eh bien, faut-il le dire ? Quoique nous n'ayons eu qu'à nous louer des employés allemands, quelque agréable qu'ait été notre voyage aux bords du Rhin, quelque criard et désagréable que soit l'accent belge, nous avons éprouvé tous les trois une réelle satisfaction en entendant parler français. Et, je le répète, nous n'avions pourtant pas eu, au contraire, à nous plaindre des conditions dans lesquelles nous nous étions trouvés en Allemagne. Malgré cela, la Belgique nous donnait comme un avant-goût de la France.

De Pepinster à Spa, la route est délicieuse. Depuis Cologne notre voyage s'était effectué sans le moindre incident. Ce n'est qu'à Verviers que mon esprit critique trouva à s'exercer sur le compte d'une brave

dame qui était habillée d'un paletot gris à coupe mas-
culine, qu'elle portait ouvert, ce qui lui donnait un
air bien étrange. Nous nous étions signalé cette excel-
lente personne que nous avons retrouvée le même soir
à Spa, toujours avec le paletot gris ouvert.

Nous arrivons à Spa à quatre heures ; nous prenons
aussitôt une voiture pour faire la promenade du *Tour
des trois fontaines*, promenade ravissante. Nous avons,
à deux reprises, quitté notre voiture pour nous enfon-
cer sous bois. Certains endroits rappellent les beaux
sites de la forêt de Fontainebleau. Il y a des rochers
et de petites cascades de l'effet le plus pittoresque.
Combien nous avons regretté de ne pouvoir consacrer
à Spa que cette petite partie de la journée ! Il y a d'autres promenades tout aussi délicieuses que nous sommes obligés d'ajourner à un futur voyage.
Après le dîner nous allons entendre le concert, ou
du moins la fin du concert. L'excellent orchestre
écorche *la Brabançonne* pour dernier morceau.
Une balance fonctionnant suivant le nouveau sys-
tème (ci : 10 centimes) nous invite à nous peser.
J'arrive bon premier dans ce concours. L'aiguille me
donne 80 kilos. Elle en concède 75 à Félix et 73
à Hippolyte.
Je doute de l'exactitude de ladite balance.
Félix et moi nous allons achever notre soirée au
théâtre où l'on donne le *Grand Mogol*. La pièce est
mal chantée et mal jouée, et la partition qui m'avait
fait le plus grand plaisir à Paris nous paraît assommante à Spa, mais tellement assommante que d'un
commun accord nous préférons aller nous livrer dans
nos lits au sommeil qui nous accablait dans nos fau-

teuils, d'autant plus que le spectacle s'annonçait comme devant finir sur les deux heures du matin, à l'inverse des spectacles allemands.

Une seule distraction pendant un entr'acte : parmi les nombreuses réclames du rideau-affiche nous relevons la suivante :

AU CAMÉLIA

Magasin de deuil, ouvert tous les jours.

Place du Théâtre. — Liège.

Je n'invente rien. Cette annonce de magasin de deuil sur un rideau de théâtre nous a paru un comble.

Nous quittons Spa le matin, à sept heures et demie, et nous dirigeons directement sur Paris les bagages d'Hippolyte et de Félix, qui doivent me quitter le soir même à Bruxelles. Ce transport n'est pas gratuit en Belgique ; mais je n'ai encore pas pu comprendre comment j'ai payé 50 centimes pour les deux valises envoyées *à Paris*, alors que ma valise m'a coûté 1 *franc 80 centimes* pour aller seulement à Bruxelles !!!

Il est vrai que les colis de Félix et Hippolyte ont voyagé par un train de marchandises, si bien que mes deux amis ont attendu deux heures à Paris l'arrivée de leurs bagages.

Nous débarquons à Liège à neuf heures et quart.

Il fait un temps gris, presque froid, et quoiqué l'heure ne soit pas précisément induc, la ville ne semble pas éveillée. Les boulevards qui aboutissent à la gare sont déserts et notre voiture est la seule qui circule. A mesure que nous avançons, le mouvement se dessine, mais notre impression première subsiste.

Nous commençons par visiter l'église *Saint-Jacques*. Une messe se dit à l'autel du Sacré-Cœur, et il nous faut attendre que l'office soit terminé pour circuler dans l'église. C'est rationnel et de pure convenance.

L'église Saint-Jacques est très belle et remarquable par le bon goût qui préside à son ornementation. Nous n'avons pas eu le scandaleux spectacle qui choque le visiteur des églises d'Anvers. Rien n'est recouvert, et l'on peut admirer les beautés du temple sans que l'on vous quémande à chaque instant.

L'église *Saint-Paul* (la cathédrale) nous paraît assez ordinaire. Il s'y célèbre un service mortuaire. Je vois un prêtre à camail violet qui assiste à l'office et que je prends pour l'évêque de Liège, mais je suis bientôt détrompé, car tout le clergé de cette église porte le même camail. L'évêque ne se distingue du chapitre que lorsqu'il porte la mitre et la crosse.

Après avoir parcouru les divers quartiers de la ville, notre cocher nous mène à un musée d'armes situé sur le quai de l'Université. Ce musée d'armes ne mérite pas le plus léger dérangement, et l'arrêt de la voiture est à regretter. Rien d'intéressant; le moindre armurier en ferait voir autant.

Nous montons jusqu'à la citadelle, d'où nous avons un panorama de la ville de Liège un peu gâté par le temps brumeux.

Cette citadelle est à peu près inoccupée pour le moment. Le canonnier qui nous guide (une bonne tête de Flamand) nous dit qu'il n'y a pas quarante hommes en tout. Le reste est en manœuvre ou en congé.

En rentrant en ville, nous nous arrêtons devant l'hôtel de ville et le palais de justice, deux monuments assez originaux, que nous trouvons très curieux pour faire plaisir à notre cocher.

Nous terminons notre promenade dans la ville et aboutissons place du Théâtre, où se trouve l'hôtel où nous devons déjeuner. Le théâtre est d'un aspect médiocre. La place est décorée d'une assez belle statue de Grétry, et en face nous voyons le fameux magasin de deuil *Au Camélia*, dont l'annonce nous avait tant frappés à Spa.

Je ne puis résister au désir d'entrer dans ce magasin
et de demander des renseignements sur la réouverture
du théâtre. On y trouve (au milieu des vêtements de
deuil) des programmes du spectacle et des partitions.
Quel singulier bureau de renseignements !

Partis de Liège à une heure, nous arrivons à Bruxelles
à quatre heures et demie, après avoir aperçu, pendant
un arrêt d'une demi-heure, l'hôtel de ville de Louvain.

Il fait un temps superbe. Nous voulons en profiter
pour faire une excursion à Laeken. Notre mauvaise
chance nous fait, à deux reprises, arriver devant le
passage à niveau un peu avant le passage du train.

A Laeken même, nous stationnons vingt-cinq minutes. Cela nous donne le temps de contempler l'église,
que nous trouvons fort laide.

Cette église a été commencée sur des bases gran-
dioses. L'argent a manqué, et il ne reste qu'un monument informe et sans le moindre goût. On demande des
fonds qui n'arrivent pas vite. La liste civile du roi ne
lui permet pas, paraît-il, de faire les frais d'achève-
ment, et il y a grande chance pour que l'église reste
longtemps telle qu'elle est.

Notre cocher a l'idée bizarre de nous faire visiter
le cimetière qui contient, dit-il, de remarquables
monuments.

Le seul qui arrête notre attention est celui de la
Malibran, et encore plus à cause du nom que du monument lui-même. Nous nous empressons de sortir de ce
lugubre endroit et nous longeons une belle avenue qui
nous mène à la grille du château.

Cette avenue coupe en deux le parc de Laeken, dont
une partie a été donnée récemment à la ville par le roi.

Léopold pour servir de promenade aux Bruxellois. C'est dans cette partie que se trouve le très beau monument élevé à Léopold Ier. Ce monument est sous une sorte de tour semblable à la tour Saint-Jacques, et du haut de laquelle on découvre une vue magnifique.

Le château se trouve en face et est d'une simplicité de bon goût. Dans le parc particulier se trouvent deux petites casernes, l'une de cavalerie, l'autre d'infanterie pour la garde d'honneur. Pour le moment ce sont les guides et les grenadiers qui font le service. Nous revoyons les bonnets à poils et les colbacks proscrits de chez nous depuis 1870 (ceci n'est pas un regret). Les guides ont exactement l'uniforme que portaient les nôtres quand existait le beau régiment où tenaient à honneur de servir les officiers titrés et fortunés.

Les régiments belges en garnison à Bruxelles sont très bien tenus et ont véritablement une belle allure. Quant aux lignards que nous avons vus à Liège, et à ceux que j'ai vus à Mons..... soyons indulgents.

Nous faisons le tour du parc particulier pour rentrer à Bruxelles, mais nous ne voyons que le mûr de clôture, et cela manque d'intérêt. Une grille nous permet cependant d'apercevoir des serres magnifiques.

Nous ne voulons pas quitter Bruxelles sans voir l'Hôtel de ville, cette merveille qu'on ne se lasse pas d'admirer.

Mais pourquoi avoir enlevé de cette place les statues des comtes d'Egmont et de Horn, pour les transplanter à l'autre bout de Bruxelles? C'est en face *la maison commune* que ces martyrs du patriotisme ont été décapités. C'est là que le monument élevé en leur honneur avait sa place naturelle.

En face de l'Hôtel de ville se trouve la *maison du roi*. Mais entre les deux se dressait une sorte de kiosque à concert qui déparait la place qui a conservé son cachet historique.

Après dîner nous allons voir *le Petit Poucet* au théâtre de la Bourse. Ce théâtre est tout nouvellement construit et l'intérieur a été copié sur l'Eden-Théâtre. Il n'y a pas que la construction et l'aménagement qui ressemblent à l'Eden. Le public des promenoirs est de la même catégorie. Passons.

Le *Petit Poucet* était très bien joué. Les décors et la mise en scène ne faisaient pas regretter le spectacle de la Gaîté de Paris. Nous nous sommes franchement amusés.

Mais nous n'avons pu attendre la fin. A minuit, je prenais congé de mes deux amis obligés de rentrer à Paris, tandis qu'il me fallait rester à Bruxelles pour jusqu'au dimanche.

Le lundi 30 août, après avoir passé quelques heures à Amiens, je rentrais à Paris.

Je ne vais pas tenter de faire une étude comparative entre l'Allemagne et la France. Ce serait prétentieux et même ridicule de ma part. Mais qu'il me soit permis de dire en deux mots que j'ai rapporté de ce court voyage cette impression : si nous valons mieux, comme hommes, que les Allemands, si nous avons une nature généreuse et désintéressée que nos voisins ne possèdent pas, nous avons bien des choses à leur emprunter.

Ce qui nous a le plus frappés dans notre voyage, c'est qu'en Allemagne le principe d'autorité apparaît partout. On sent qu'il y a quelqu'un qui commande et auquel tous les autres obéissent.

Chez nous, tout le monde veut commander, personne n'obéit. Je n'exprime que mon opinion personnelle, mais je suis persuadé que lorsque nous observerons en toutes choses la discipline et la méthode des Allemands, nous serons bien plus forts qu'eux, avec les facultés et le tempérament dont Dieu nous a doués, et alors notre chère France reprendra le rang auquel elle a droit... le premier.

FIN.

7434-86. — Corbeil. Typ. et stér. Crété.